戦後日中関係と同窓会

佐藤 量
Ryo Sato

彩流社

目次

凡例……8

序章……9

同窓会の語りと記憶……10

大連について……14

調査と資料について……17

Ⅰ章　日本人学校の中国人エリートたち（一九三〇～一九四〇年代）……21

日本人学校に進学する中国人……22

一九三〇年代の日本留学ブーム……23

近代教育の受容と抗日運動……25

関東州における中国人向け学校……26

公学堂……27

普通学堂……29

中等教育、実業教育……32

関東州における日本人向け学校……33

小学校……34

中学校……37

女学校……38
実業学校、専門学校……38
大学……39
学校経営と植民地主義……40
旅順工科大学の中国人同窓生……43
卒業生の就職先と満鉄……46
中国人学生の学校生活……49

Ⅱ章　日本人の引揚げと中国人同窓生……53

日本人の引揚げ……54
米中主導の日本人の引揚げ政策……55
日本の対応……56
中国の対応……58
米中による日本人遣送政策協議……61
中国の役割……62
引揚げ港の選定……63
中国側の要求……65
上海会議後の送還政策……66
中国国民政府による日本人管理体制……69
終戦直後の大連と日本人……71
日本人の留用と大連日僑学校……75
大連日僑学校の二人の教師――清岡卓行と劉徳有……76

中華人民共和国の建国と漢奸……80
国共内戦と漢奸問題……80
国民党と漢奸問題……81
共産党と漢奸問題……83
中国東北地方の漢奸問題……85
ある旅順工科大学出身の中国人学生の戦後……87
大連脱出……88
瀋陽へ……90
瀋陽から丹東へ……91
丹東脱出……92
天津から台湾へ……94

Ⅲ章　日中民間交流と同窓会ネットワーク（一九五〇～一九六〇年代）……97

中国にとっての民間交流……99
二人の旅順工科大学出身者……102
日本人同窓生・相田秀方氏……103
中国人同窓生・張有萱氏……104
旅順工科大学の同窓会活動……105
相田秀方氏と張有萱氏の往復書簡……106
相田氏の第一回訪中……110
南漢宸との往復書簡……111

相田氏の第二回訪中……112
技術交流と民間貿易……113
訪中を終えて……119
戦後二十年目の改名――『興亜』から『旅順』へ……120
文化大革命と中国人同窓生……121

Ⅳ章　日中国交回復（一九七〇～一九八〇年代）……125

改革開放の時代へ……126
提携と摩擦の日中関係……127
日中国交正常化と同窓会の変容……129
小説のなかの大連の記憶……130
『アカシアの大連』……130
『中山広場』……132
『パリと大連』……136
「大連中日友好学友会」の設立……137
大連中日友好学友会の活動……144
大連会との連携……145
中国人同窓生の多様な語り……146

V章　植民地経験の記憶と忘却（一九八〇～二〇〇〇年代）……153

「植民地遺産」と「観光資源」……154
「個人的記憶」の表象……157
劉鴻運の自伝執筆作業……158
「たうんまっぷ大連」のなかの記憶……164
日本人同窓生A氏と中国人同窓生B氏……165
A氏の兄……168
記憶の集まる同窓会……169
三通の手紙……173
「たうんまっぷ大連　現況図」の作成……181
B氏の加入……181
忘却された記憶の発掘作業……185
B氏の個人的記憶……187

終章……193

註……201
参考資料……209
おわりに……221

凡例

一、本書における地名の表記は、原則として当時の正式名もしくは慣用に準拠し、「新京」（現・長春）、「奉天」（現・瀋陽）などは歴史的用語としてそのまま使用した。また、「満洲」の表記は、戦後の著作に多く見られる「満州」ではなく、「満洲」に統一した。ただし、戦後の回想録や手記のなかで「満州」と表記された箇所を引用する場合は、原文の通り「満州」と表記した。

一、本書では「朝鮮」、「満洲人」、「支那人」という用語を使用しているが、これらは当時の資料を使用し、そのまま引用しているためである。戦前の資料では、旧満洲国および関東州出身者を「満洲人」と呼び、それ以外の中国大陸出身者を「支那人」と呼んでいた。本書ではこれらの用語を原文のまま使用する。

一、年号は原則使用せず、西暦で統一した。引用箇所に年号がある場合は、（　）のなかに西暦を記入し、年号の後ろに付した。

一、引用文は、当用漢字、現代仮名遣い、カタカナのひらがなへの書き換えを行なった。

一、引用文において、特に注記のない限り、傍点は筆者によるものである。

一、註は、（　）数字で示し、巻末にまとめた。

序章

本書は、戦前中国の日本人学校を卒業した中国人と日本人の、戦前から戦後にかけての交流史を描いたものである。かつて日本は、中国に多くの学校を設置したが、そこには日本人だけでなく一部の中国人も通っていた。彼らは同窓生として、同じ教室で学び、同じ学生寮で生活した。戦争を経験した両国において、特殊にもみえるこの人間関係とは、いったいどのようなものだったのだろうか。とりわけ中国人の同窓生は、「反日」や「抗日」を国是として建国しつつも、経済的な「中日友好」文脈も共存する戦後中国社会のなかで、どのように生活していったのだろうか。そして、自分自身の植民地経験をどのように記憶し、表象しているのだろうか。本書では、戦前から戦後にかけての彼らの生活史を描いていく。

なぜ中国人が日本人の学校に通ったのか、その理由はさまざまであるが、たとえば祖国の近代化のために先進的な教育を求めたことや、実家の取引先である日本と関係を強化するために日本語を勉強することを求めたことなどがあげられる。しかし戦争が終わると、日本人の学校に通ったことがあだとなって、裏切り者や売国奴というレッテルを貼られ、つらく過酷な戦後生活を強いられることになる。そのため、多くの中国人同窓生は口を閉ざし、彼らの経験や記憶が記録に残されることはほとんどなかった。これまで中国人同窓生という人びとの存在が十分に知られることがなかったのは、こうした事情によるところが大きい。本書では、当事者へのインタビューや、日中同窓生の往復書簡、『同窓会誌』といった個人的で貴重な資料をもとに記述していく。

同窓会の語りと記憶

満洲移民の語りの構造を分析してきた蘭信三によれば、体験者の「語り」の重要性は、戦後の日本社会において抑圧された記憶を掘り起こすことであり、個に即した「生きられた歴史」を知ることであるという。そして、体験者の語りを通して、「マスターナラティヴ」（社会の公式の語り）や「モデルストーリー」（集団内部の語り）を相対化する知の組み換えが必要であると主張する。[1] また、坂部晶子は、満洲の同窓会と記憶をめぐる先駆的な研究により、多様な満洲経験の語りから多声的な記憶のかたちを明らかにした。[2] 坂部は、同窓会を「過去を回想する装置」として捉え、そこで表象される日常生活のなかの「ノスタルジア」は、過去を懐かしむ「素朴なノスタルジアの充足」と、故郷の喪失感をともなう両面性を持つことを指摘した。[3] 坂部の指摘に加えて本書では、日本人同窓生だけでなく、中国人同窓会による記憶の表象とその多面性にも注目しながら検証していく。

また本書では、日中同窓生のオーラルヒストリーや同窓会誌を分析しながら、彼らの「記憶」のあり方を考えることも重要な目的である。歴史学や社会学、人類学分野において満洲の記憶について論じられて久しいが、その記憶は、官僚や農業移民を中心に語られることが中心的であった。その一方で、都市住民の記憶、女性の記憶、日本以外の視点から見た満洲経験など、これまでの研究では看過されてきた部分も多い。また、当事者の生業や社会的立場によっても経験は異なり、その記憶は想起される時代においても変わってくるのである。

成田龍一は、戦後日本における戦争経験の語りの表出について、戦争経験者の世代によって変容することを指摘した（成田龍一『「戦争経験」の戦後史：語られた体験／証言／記憶』岩波書店、二〇一〇年）。成田によれば、戦後日本はそれぞれ「体験」「証言」「記憶」の三つの時代に分けることができるという。すなわち「体験」の時代（一九五〇～一九六〇年代）には、戦争体験を共有する人びと同士の語りによって戦後の言説の基礎がつくられ、「証言」の時代（一九七〇～一九九〇年代）は、戦争体験者から戦後世代に語り継がれ、記述されることで戦後の価値が展開し、「記憶」の時代（一九九〇年代〜）では、戦後世代によって戦争が語られはじめ、「戦後」それ自体が再考される。

満洲や外地における語りも、世代による分類が可能であろう。「体験」の時代における語り手は、満洲国の国家建設にかかわった為政者や、過酷な逃避行を経験した引揚者が中心である。満洲国官僚や満鉄社員らによる手記では、満洲経験は侵略ではなく開発であったという指摘や、戦後日本の社会復興への貢献が強調されることが多い（星野直樹『見果てぬ夢：満州国外史』ダイヤモンド社、一九六三年など）。一方、引揚げについての手記では、ソ連軍参戦後の逃避行と難民化をめぐる苦難の語りに集中する。たとえば、ベストセラー引揚げ小説である藤原ていの『流れる星は生きている』（日比谷出版社、一九四九年）は、刊行と同年に映画化され、一九八二年にはテレビドラマ化された。過酷な引揚経験は、敗戦後の日本社会で同情を喚起したが、同時に、引揚経験そのものの言及に比して引揚以前の満洲生活の様子や、当時の植民地的状況について触れるものが少ないことも指摘できよう（蘭信三「中国「残留」日本人の記憶の語り：語りの変化と「語りの磁場」をめぐって」山本有造『満洲：記憶と歴史』京都大学出版会、二〇〇七年）。

「証言」の時代である一九七〇年代以降になると、後期集団引揚者の帰還がひと段落し、戦前・戦時に幼少であった世代によってさまざまな回想手記が刊行された。その背景として、一九七二年の日中国交正常化と一九七八年の日中平和友好条約の締結があげられるだろう。数多くの帰国邦人団体が結成され、学校同窓会も設立ラッシュをむかえて、あらゆる学校の同窓会が開催されるようになる。彼（女）らは、「異国の故郷」を懐かしみ、再訪し、同窓会誌や機関誌を刊行して「故郷」への郷愁を語りはじめた。とくに大連など港のある都市部で暮らしていた人びとは、開拓民ほど悲惨な引揚経験がなく、戦後も比較的裕福な生活を続けることができた。それゆえ、「ノスタルジア」「故郷喪失」という語りが中心的であった。一九七〇年に芥川賞を受賞し、自身も大連で育った清岡卓行の『アカシアの大連』（講談社、一九七〇年）はその代表例である。このことは、植民地意識の欠如として、上層部の官僚や開拓民、引揚者ほど焦点化されることもなかった。

一九九〇年代以降の「記憶」の時代では、引揚者の高齢化にともなって、語り手の不在と記憶の消滅、一次資料の散逸などが危惧されはじめる。学校同窓会の例でいうならば、そもそも満洲国の崩壊にともなって廃校になった学校がほとんどであるため、記憶を引き継ぐ後輩が増加することはなく、同窓会そのものがどんどん高齢化する。したがって、同窓会の多くがこの時代に閉会をむかえてしまうのである。こうした事情もあって、「記憶」の時代には、最後の作業として記念誌の編纂や、記念碑の建設などを精力的に行うのである。こうした記憶の消滅を鑑みて、これまで忘却・排除されてきた史料や声に目や耳を傾ける研究が増えはじめ、当事者と研究者が協力して史料収集・保存やオーラルヒストリー調査が積極的に進められるようになる。

さらに近年、満洲経験をめぐるエスニシティやジェンダーなど、さまざまな満洲経験が指摘されはじめている。たとえば、玉野井麻里子編『満洲：交錯する歴史』（藤原書店、二〇〇八年）では、ロシア、東欧、中央アジアからの視点から満洲を分析することで、文化的、民族的な交差点としての満洲が描かれた。また、生田美智子編『女たちの満洲：多民族空間を生きて』（大阪大学出版会、二〇一五年）では、他民族が接触する地点における女性たちの生き方について多角的に分析されている。このように、満洲経験は国家やエスニシティ、ジェンダーなど複数の領域にまたがる問題系として再検討されはじめている。

引揚げにおいても同様である。これまで引揚げといえば「満洲からの日本人の移動」を指すものとして捉えられてきたが、実際はそれだけではない。移動者は日本人だけではなく、満洲から朝鮮、台湾、中国に引揚げた人びともいる。また、満洲以外に上海や青島などからの引揚者も数多くいた。つまり、加藤聖文が指摘するように、「引揚経験を日本社会における日本人だけの記憶として語るのではなく、そこからこぼれ落ちる他民族の存在を再認識し、日本人だけの歴史ではないことを実感すること」が必要である（加藤聖文「満洲体験はどのように語り継がれてきたか」『善隣』四五二：一〇―一七、二〇一五年）。

前述の玉野井らの研究にもあるように、満洲ではさまざまな民族が混淆しており、日常生活レベルでも多くの接触があった。日本人と中国人においても同様であり、それは満洲都市部の「学校」においてよく見られる光景であった。満洲都市部の日本人学校には、日本人以外に中国人、ロシア人、朝鮮人も通っているケースが多かったためである。とりわけ富裕層や知識層の中国人は日本人学校に進学することが少なくなく、日本人と同じクラスで学んでいた。そして日本人と同じ同窓会に所属しており、同窓会を通した関係性を保っていた。なかには、終戦後、満洲国が崩壊し、両国の国交がなくなっても同窓会を継続する人間関係もあった。本書では、こうした日中同窓会の人的つながりを介した記憶のあり方に注目する。

江沢民による揮毫「大連百年」（『大連年鑑 2008』より抜粋）

大連について

本書の主要な舞台は、中国遼寧省の大連市である。大連市は、中国遼寧省の都市であり遼東半島の先端に位置する港町である。大連の歴史は、帝国列強による植民地統治にさかのぼる。一八九九年に

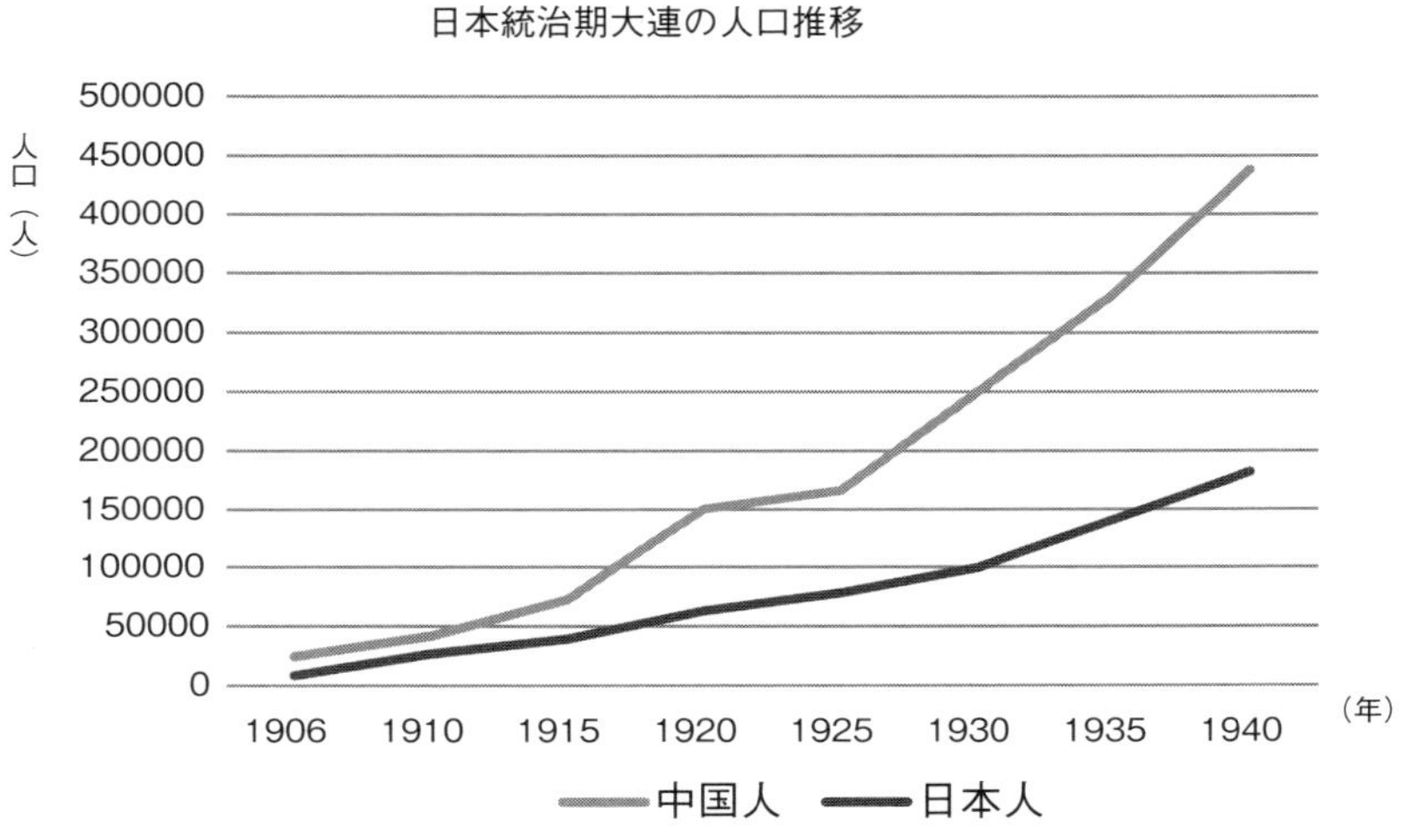

日本統治期大連の日本人と中国人の人口推移（『大連市史』（1936年）、『関東庁統計書』（1906～1925年）、『関東局統計書』（1926～1940）より作成）

ロシアによって都市建設がはじめられ、そののち日露戦争に勝利した日本が租借権を引き継ぎ、一九四五年まで統治した[4]。

「大連百年」という言葉がある。大連市は、一九九九年に大連市が市政誕生百周年を迎え、式典には当時の国家主席江沢民も出席した。右の揮毫は、その江沢民によるものである。この題字は、大連が中国の都市のなかでも比較的歴史の短い都市であることと同時に、ロシアと日本によって建設された植民地都市であることを示している。

大連市の総人口は約五八〇万人である（二〇一一年）。大連市は、三市六区一県からなり、中国有数の規模を誇る大連港を中心に、中国東北部随一の経済産業都市として発展してきた。主要産業は機械、造船、化学工業などであるが、近年は電子、軽工業、製薬業なども盛んである。さまざまな業種においての日本企業との関係が深く、大連市が契約している外資系企業九一一二社のうち、二四八二社が日本企業であり[5]、外資系企業のうちでもっとも多く、大連と日本の密接な関係があらわれている。

この大連が、伝統的な中国の都市ではなく、帝国によって建設された植民地都市であることは、その都市計画にも現れている。通常中国の歴史都市は、北京や西安に代表されるように碁盤目状に街路が走るが、大連は円形広場を中心として放射線状に街路がのびている。現在の大連の中心に位置する中山広場は、ロシア時代にはニコライフスカヤ広場、日本時代には大広場と呼ばれていた。大広場は、大陸の玄関である大連港と、内陸への始発駅である大連駅を結ぶ中心点に建設された。大広場をぐるりと取り囲むように、大連市役所、大連警察署、ヤマトホテル、横浜正金銀行、朝鮮行、大清銀行、イギリス大使館、大連逓信局、東洋拓殖会社といった、植民地統治を象徴する機関が配置されていた。

大広場（大連絵はがきより）

現在の大連には、中山広場をはじめとして古い建物が多数保存されており、大連市政府の管理によって古い建造物が保存・再利用されている。これらの建物は、「日本統治の屈辱の歴史を忘れない」ことだけを目的に保存されているだけではなく、「観光資源」としても再利用され、大連の観光名所にもなっている。日本統治期の名残は、植民地経験を伝える歴史遺産と、風光明媚な観光資源という二つの価値が交錯している。

こうした大連の現状からも、植民地や戦争の歴史を持つ大連と、現在の中国の経済発展を支える大連とを、切り離して考えていては捉えきることができないだろう。しかし、これまで大連をめぐる研究は、「植民地都市」としての大連を分析する歴史学、政治学、

中山広場（2011 年、筆者撮影）

地理学的研究と（越沢・一九八四、水内・一九八五、西澤・二〇〇〇）、一九八五年以降の「経済産業都市」として経済発展に焦点をあてた研究（諸藤・一九九三、関・二〇〇〇）に大きく分かれていた。本書では、これまでの研究成果を踏まえながらも、大連の歴史を戦前から現在にかけて通時的に捉えていく。

調査と資料について

筆者はこれまで、一貫して中国大連市をフィールドとして調査を進めてきた。二〇〇四年一月から二〇一四年九月までに、長短十三回の大連への調査を実施し、平均一年に二回、一回の調査で最長一ヵ月半、最短一週間の調査を行なってきた。調査内容は、おもに中国人同窓生へのインタビューと資料調査である。これまでの調査で、延べ二十名の中国人同窓生に聞き取り調査を実施した。中国人同窓生の年齢層は七十歳代から九十歳代と高齢であるため、聞き取り調査は中国人同窓生の自宅で行うケースが多かった。できるだけ多くのインフォーマントから戦後の体験を聞き取るために、同窓会を経由して呼びかけてもらい、集団インタビューを実施することも多くあった。

なお本書では、戦前の行政資料などの一次資料を扱いながら、インタビュー調査による質的データを活用

同窓会の風景。写真は、2010 年に東京の明治記念館で開催された旅順工科大学の最後の同窓会の様子。

するが、中国人同窓生に関する文字資料の制約や中国におけるデータ収集の限りもあって、必ずしも幅広い中国人同窓生を網羅しているわけではなく、学校による偏りもある。足りない資料やデータは今後も継続して収集するが、本書ではその制限を自覚しながら、これまでに収集してきた文字資料や質的データのなかから考察を進めてゆく。

　また本書では、同窓生のオーラルヒストリーや個人的回想録に加えて、同窓会が刊行する同窓会誌にも注目する。本書で登場する同窓会には、戦前に設立されてから現在に至るまで活動を継続している同窓会もあり、戦争により発行が一時中断するものの、同窓会誌を発行し続けている会もある。このような長期間刊行されている同窓会誌を分析することで、同窓会の変遷を追うことが可能になると考える。

　以下は本書の構成である。Ⅰ章では、一九三〇年代から一九四〇年代における関東州の学校制度と中国人教育を概観しながら、日本向け教育機関で学んだ中国人学生について述べる。

Ⅱ章では、終戦直後の大連における日本人の引揚げおよび留用と、中国人社会の再編について概観し、そのなかで中国人学生たちがどのような境遇におかれていたかを考察する。

Ⅲ章では、一九五〇年代から一九六〇年代にかけての新中国建設の時代における民間交流について、旅順工科大学の日中同窓会を事例に、果たした役割と機能について分析する。

Ⅳ章では、一九八〇年代以降の中国人同窓生の語りについて、大連中日友好学友会における「国家への貢献」「中日友好」という語りから考察する。

Ⅴ章では、一九八〇年代以降の大連の記憶のありようについて、「たうんまっぷ大連」の作成過程を追いながら、日本人と中国人との記憶のずれについて検証する。

Ⅰ章　日本人学校の中国人エリートたち（一九三〇～一九四〇年代）

日本人学校に進学する中国人

抗日運動も頻発する日本統治下の中国において、中国人が日本人の学校に進学するということはどういうことだろうか。

戦前の中国において日本の学校で学ぶということは、近代教育を学べて、欧米に行くよりも価格が安く、所要時間も短くて文化的に近いことから人気が高かったという。魯迅、蒋介石、周恩来などの例をあげるまでもなく、多くの中国人が日本へ留学した。だが、日本「内地」だけではなく、「外地」の学校にも「留学」していたことはあまり知られていない。中国大陸内で近代教育が受けられるということは、留学志望の中国人学生にとって、日本内地に来るよりも、経済的かつ時間的なメリットがあったといえる。

戦前日本は、占領地や植民地における学校教育に力を入れていた。朝鮮、台湾、満洲、関東州、樺太、南洋群島などには、必ず学校が設置されており、現地の日本人子弟が学んでいた。一九三〇年代になると、「満洲国」建国によって日本の大陸進出が活発化し、人口増加にともなって学校数も増加する。とりわけ、南満洲工業専門学校や旅順工科大学、満洲医科大学のような高等教育機関は教育水準も高く、多くの中国人学生が学んでいた。

だが、同時に一九三〇年代の中国では、日本と中国が戦争に突き進み、政治的軍事的な緊張が日増しに高まっていた時期である。反日・抗日運動が頻発しており、日本と関係の深い者は「売国奴」「対日協力者」として批判の対象になる危険性があった。したがって、中国人でありながら日本の学校で学ぶということは、常に危険と隣合わせであったことは想像に難くない。

このような時代に日本は、中国大陸でどのような教育を行い、その教育はどのように受け入れられていたのだろうか。そして、外地の日本人学校に進学した中国人はどのような生活を送っていたのだろうか。本章では、関東州の学校教育を取り上げながら、中国人教育の実態に迫りたい。

一九三〇年代の日本留学ブーム

中国人留学生研究の第一人者である実藤恵秀によれば、一九三〇年代の満洲事変以後、中国大陸では日本留学ブームが起きていたという（『中国人日本留学史稿』一九三九年）。その理由について、「中国人の日本研究熱の勃興と、為替相場の中国人にとっての好転である」と述べている。

「昭和九年（一九三四年）十二月二十八日付の読売新聞に、米村耿治が、「近頃支那の種々相」その一として「日本語万歳！」と題する論説は、当時中国人人間における日本研究の姿を甚だよく描いている。

『このごろ上海市内に、日語教授の看板が、ふえたことふえたこと。そしてひところの排日貨のものすごい波を乗り越え押し切って来るわくるわ、一カ年にしてざっと三百万円ばかりの膨大な日本書籍が、上海市だけでも消化されつつある有様である。これは四川路の古い日本書籍店の内山店主の言なのだから間違ひない事実だ。』

『今年になって漸く日支関係が常態に復してくると、嘗ては抗日救国の支那においても、特に徹底した排日ぶりで有名だった北平の清華大学が、排日の看板を急に親日に塗り替えると間もなく、今春四月には、同大学から学生訪日観光団一行七十余名が、日本語講座受持講師に引率されて、日本へ出発。同様に今度は首都南京の市政府管内から、選ばれた中学校校長以下十二名の校長連が、教育文化の視察のために日本へやってくるといった有様だったことは諸君すでにご承知の通りである。』

日本語熱のかく盛んになった裏には、右に述べられている新興満洲国へ乗り出さう、ということの外に、彼等のいはゆる「救国」的見地から、日本なるものを見極めよう、という意味も相当あった」

満洲事変や上海事変以降の抗日救国の機運が、より日本を知ることを促し、日本語教育熱につながったようだ。一方、「為替関係」については、民国二十三年（一九三四年）十一月五日付『申報』のなかの「留日学生激増」という新聞記事を引用しながら次のように述べている。

「中華民国の東渡留学の学生数目は、もと満洲事変以来しばらく激減を形《あら》はせり。唯だ去年秋季には則ち陸続とし東渡する者、すこぶる人に乏しからず。今期に至りて以来、忽然として其人数倍増す。尤も九、十、両月間、中国と満洲の留学生一躍して千名を増加し、実に近年来の新記録を作り、将来尚ほ激増の形成あり。但し其の東渡留学の理由を究《たづ》ぬるに、査て、前には満洲事変の関係を以て一時未だ東渡に便ならず、近ごろは即ち中、日、感情己に暫時和緩せるに係る。尚ほ最大の理由あり、輒ち為替関係と為す。二三年前には、日金一百元は、須らく中国国幣二三百元を以て方に能く兌換すべかりしに、最近は則ち七八十元を以て日金百元に兌ふべし、其の差甚だ遠し。故に其の上海に在りて学を修めんよりは、東渡するの反って算に合ふと為すに如かず。」（実藤訳）

これらによれば、一九三〇年代中国では、日本語を学習する中国人がたくさんいて、南京、上海、満洲など日本に関係する場所で日本語熱が高まっていたようだ。また、当時の為替相場が中国人留学生にとって有利であり、留学生増加を支えた大きな要因であったという。これら「中国人の日本研究熱の勃興」や「為替関係」が、実際の留学生増加にどの程度影響したかは定かではないが、ある種の傍証としてそうであっただろうことは推測できる。

近代教育の受容と抗日運動

一九三〇年代の中国では日本学習、日本語学習が脚光を浴びていたが、同時に日本への抵抗運動も中国各地で起きていた。このような日本をめぐる両義的な動きは、中国人留学生のあいだでも広まっていた。以下の文章は、一九三六年に日本内地へ留学した中国人学生によるものだ。ここでは、日本から近代教育を学んで祖国に反映させることと、団結して日本に抵抗することの両方を留学の目標に掲げられている。(6)

「本誌の創刊にあたり、われわれは本誌の抱く所三つの目標を説明したいと思う。（中略）第一に、われわれの祖国はいまや空前未曾有の危機に遭遇している。この危機のなかにおいて、われわれは決してこの世外の桃源と考えてはならぬ。われわれはおもふ。われわれは中華民国の国民だ。何時でも何時でも、祖国に対する責任を蓋さなければならぬ。同学諸君、われわれは、われわれの地位をはっきりと知らなければならない。われわれは一致して学連の下に団結しようではないか！（中略）第二に、われわれ海外で勉強しているものは、現在祖国のために大した貢献もなしえないけれども、ただ文化を紹介することだけはやれるのである。祖国は今まさに海外の文化、さらに日本の文化を需要している。これによりて各国の社会機構を了解し、自己の進むべき道を決定する。同学諸君、われわれは日本の環境にいるのだから、よく日本社会の各方面を研究し、日本文化を国内に紹介しなければならぬ。これはわれわれの特に重要な任務だ。」（中華留日学生連合会『学連』半月刊、一九三六年）

満洲事変、上海事変以降、日中両国の関係は緊張しており、内地の中国人留学生も抗日運動を積極的に展開していたが、同時に近代教育を受容する文化活動も同じくらい積極的であった。日本の学校で学ぶことを選んだ中国人学生にとって、この二つの問題は常にせめぎあっていた。

関東州における中国人向け学校

では、外地の日本人学校に進学した中国人はどうであっただろうか。中国東北部に位置する関東州は、日本が中国大陸のなかでもっともはやい時期に進出した場所であった。日本は、日露戦争後の一九〇五年から一九四五年までの四十年間にわたって、関東州を租借地として統治し、多くの学校を設置した。大連をはじめとする関東州における日本の教育政策は、日本人子弟の教育だけでなく、中国人への教育も同時に行なった。

関東州庁が刊行した『関東州の教育』（一九四一年）によれば、大連にある学校は、大きく分けて日本人向けの学校と中国人向けの学校に分かれており、いずれも日本が管理運営を行なっていた。一般に日本人の学校は、「〜校」と呼び、中国人の学校は「〜堂」と区別される。さらに中国人学校は、「公学堂」「普通学堂」「中学堂」「商業学堂」などに細分化されていた。このうち公学堂と普通学堂はいずれも「小学校」に相当する初等教育機関であるが、公学堂は日本国が運営し関東庁が管理した官立学校であるのに対し、普通学堂は

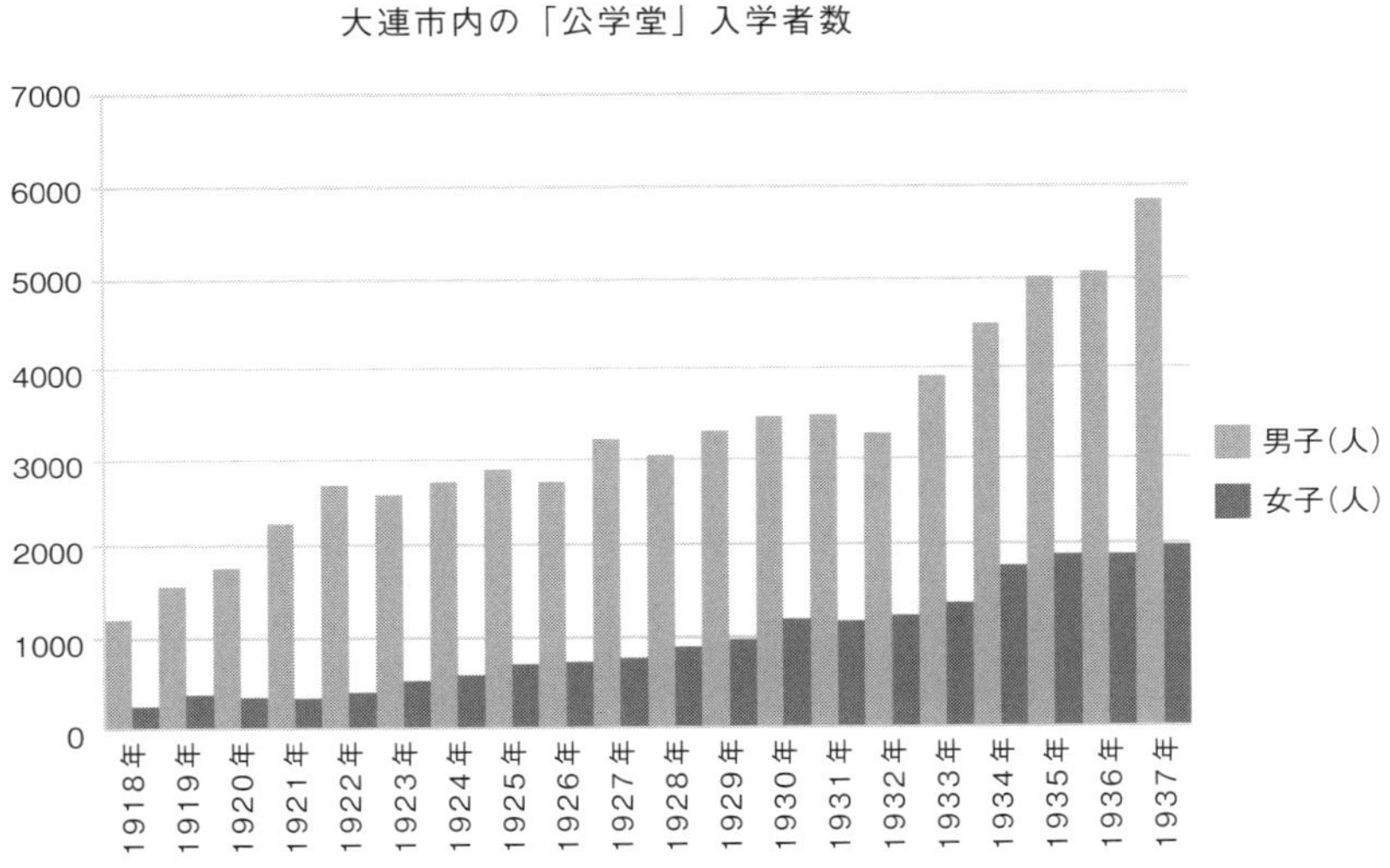

表1-1　公学堂入学者数の推移（『関東都督府統計書（第1版～第11版）』『関東庁統計書（第14版～第28版）』『関東局統計書（第29版～第35版）』から筆者作成）

地方自治体（大連市政府）が管理運営を行なっていたという差異がある。また、公学堂の多くは都市部にあり、普通学堂は農漁村に設置されることが多かった。

公学堂

公学堂は、中国人子弟に対する初等教育機関である。就学期限は、就学四年の初等科と就学二年の高等科を併せ持つ場合と、初等科または高等科のみを設置する場合がある。公学堂初等科の教科目は、小学校尋常科四学年以下とほぼ同じであるが、理科がなく、かわりに満州国語及び日本語を加えている。また高等科は、小学校の五学年、六学年とほぼ同じであるが、その他に実科として商業または農業の一科目を加えている。

上の表は、一九一八年から一九三七年までの大連市内の公学堂の入学者数の推移を表している。一九三一年と一九三二年の満州事変から満洲建国に至る期間は入学者数が減少しているものの、全

	教員（人）		学生（人）			
	日本人	中国人	初等科	高等科	補習科	合計
旅順公学堂	5	3	266	44	8	318
大連公学堂	8	6	435	54	0	489
普蘭店公学堂	5	4	371	129	6	506

表1-2　大連近郊の公学堂の教員数および生徒数。(『関東都督府第十二統計書』(1917年)および劉麗娜(1995)から筆者作成)

体的には増加傾向にあることがわかる。とりわけ、一九三二年以降の増加率は高い。一九〇六年三月に関東州民政署は、「関東州公学堂規則」および「関東州普通学堂規則」を公布し、中国人子弟の教育政策を実施した。それによれば、「公学堂や普通学堂は日本人子弟の小学校と同じ教育機関であるが、内容の程度において多少異なるところのあることは、国民教育と然らざる點の差異より当然の事である」という。[7]また、「日本語の応用を自在ならしむへし」とするように、日本語学習を重視した教育政策であった。一週間の授業のカリキュラムは、終身一、漢語八、習字三、算数五、日本語四、音楽一、体操二、手工一、図画一、（女子のみ裁縫一）であった。[8]漢語の授業が多いことはもちろんのこと、日本語教育を重視していたことがよくわかる。そのほか終身など日本的な授業内容も組み込まれていることからも、公学堂における教育は「殖民教育」の実践であったといえるだろう。[9]

また、大連市内には複数の公学堂があったが、それぞれの公学堂の教員は日本人と中国人で構成されており、日本人教師のほうが多かった。上の表は、一九一六年度の各公学堂の教員と学生の数を示している。[10]

最初に開校された公学堂は、一九〇六年の関東州公学堂である。大連からほど近い金州という場所に設置されたこの公学堂は、もともと「南京書院」と呼ばれた学校であった。その設立は一七七三年に遡り、一九〇四年に日本が金州を占領したのち、郷紳商民の劉心田、王永江らの要請により、前身の「南京書院民立小

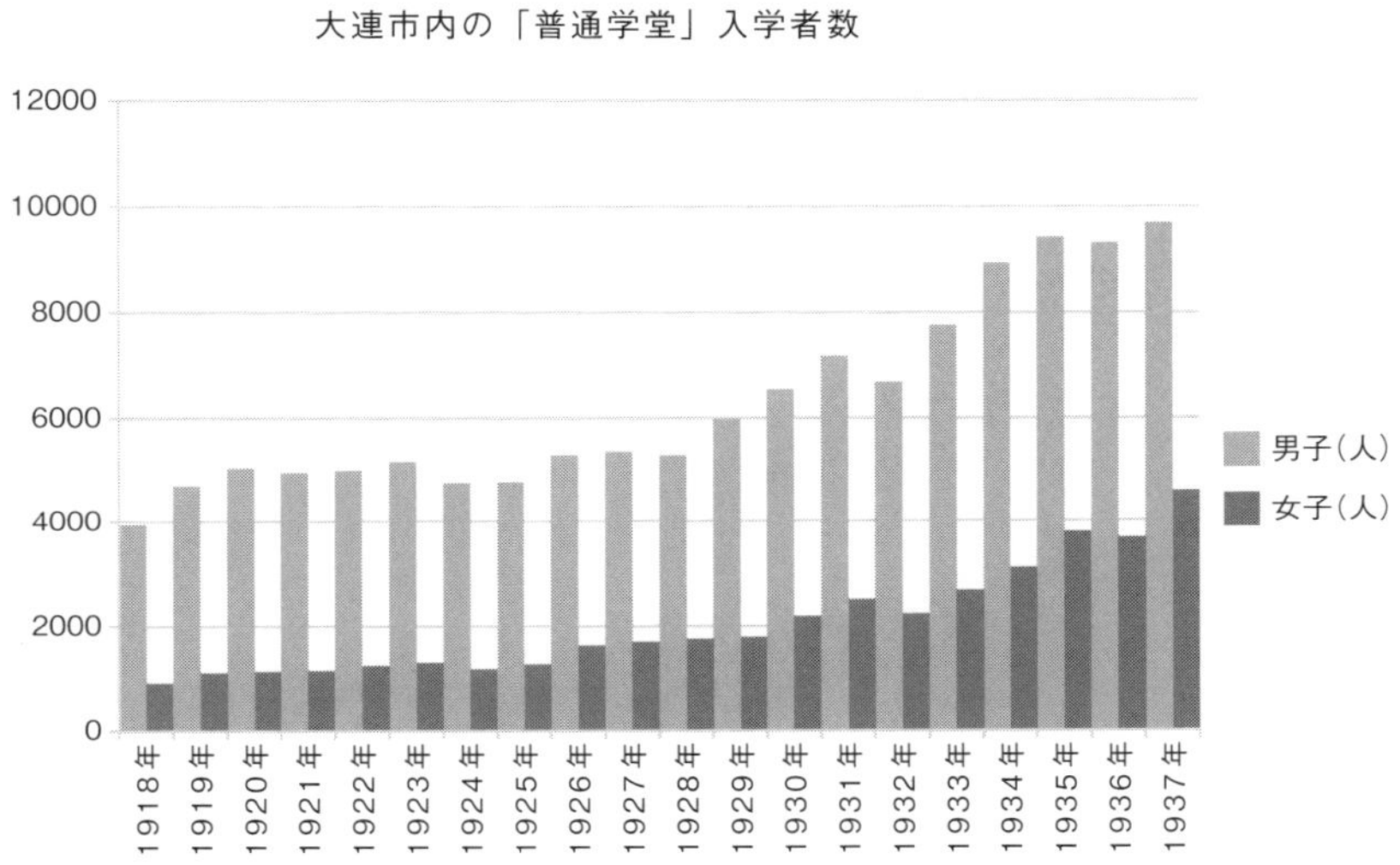

表1-3　普通学堂入学者数の推移（『関東都督府統計書（第1版〜第11版）』『関東庁統計書（第14版〜第28版）』『関東局統計書（第29版〜第35版）』から筆者作成）

学校」が設立された。同校は、東亜同文書院出身の岩間徳也の指導と民政署の管理のもと、関東公学堂へと改編された。一九三八年の時点での関東州公学堂の学生数は、初等科が十六クラス九八五人、高等科が十二クラス七六九人、補習科が一クラス三十六人であった(11)。

普通学堂

一方、普通学堂は、就学年限は四年で、一年または二年の補修科が設置されていた。一九四〇年当時、大連・旅順地区には五十八校の普通学堂があった。教科目は公学堂と同じであるが、商業あるいは農業の実科を必修としていた。これは普通学堂が設置された郊外は、農産物の産出地であることと密接に関係しているだろう(12)。また、公学堂の漢語の授業数は毎週八時間だったのに対して、普通学堂では毎週十時間だった。日本語の授業数も異なり、公学堂が毎週四時間に対して、普通学堂は六時間であった。使用教科書は公学堂と普通学堂は同じで、在満日本教育会附属教科書編集部編纂の教科書を使用していた。教科目は終身、漢語、日本語、算術、図書、手工、唱歌、体操で、男子には、農業、商業を、女子には裁縫を加えた。

前頁の表は、普通学堂の入学者推移を示している。公学堂と同様に、全体的に増加傾向にあることがわかる。公学堂との違いは、その入学者数の多さである。一九三七年の公学堂入学者数は、男子が五八三一人、女子が二〇三四人に対して、普通学堂は、男子が九六九五人、女子が四六〇二人であり、二倍近い学生が通っていたことがわかる。

他方で、関東州の中国人は日本の「殖民教育」に対抗するために、金州西小磨公育両等小学校と呼ばれる民間の私立学校を設立していたという[13]。一九一〇年に斉徳秀という人物が設立したこの学校は、中国の民族思想と愛国信念を教える教育機関として機能していた。このほかにも、一九二〇年代には東北八省各地で、日本の教育政策に対する「教育権回復運動」などが起きており、公学堂や普通学堂は殖民教育として批判の対象にもなっていた。

なお、公学堂も普通学堂の教員も、中国人より日本人が多かったが、教員の養成は二種類に分かれていた。ひとつは、日本の師範学校で教員を養成して、現地で採用されるケースである。日本人教員はほとんどが日本の師範学校を卒業していたため、このケースが多かった。もう一つが、外地の師範学校を卒業して教員になるケースである。中国人教員は、ほとんどがこちらに属する。ただし、学生数の増加とともに、中国人教員をいかに育成するかが大きな課題であった。関東州庁編『関東州の教育』(一九四一年)によれば、教員の任用は以下のように定められている。

・公学堂教員（日本人）
イ　小学校教員任用に規定する資格を有して支那語を以て教授を為し得べき者
ロ　前號の外支那語に通じ二年以上関東州に於て教育に従事したる者
・普通学堂教員及公学堂教員（満洲人）
普通学堂教員及公学堂の満洲人たる教員は次の資格を有する者より之を採用する。
・公学堂教員
普通学堂及公学堂教員検定規則に依り検定を受け第一種の試験に合格したる者
普通学堂及公学堂教員検定規則に依り第四種の試験に合格したる者
・普通学堂教員
上段の外普通学堂及公学堂教員検定規則に依り第二種の試験に合格したる者
普通学堂に於て第二学年以下の教授を担当せしめる場合は普通学堂及公学堂教員検定規則に依り第三種の試験に合格したる者
旅順高等公学校師範部卒業生は無試験検定を以て第二種の資格を授与せらる(14)

これらによれば、公学堂で任用される日本人教員は、中国語の運用能力と、二年以上の関東州における教育経験が問われていることがわかる。一方、中国人教員の任用については、教員検定規則による試験が課せられている。そして旅順高等公学校師範部の卒業生は、無試験で資格を得ることができた。この旅順高等公学校の師範部は、一九三二年四月に関東庁令第七号において設置され、ここにおいて中国人教員の育成が図られることになる。中国人女子教員においても同様であり、旅順高等女学校内に補習科乙部を附属させ、ここで教員養成を行なった。そして、高等女学校卒業者に二年間の教育を施して教員資格を与え、小学校および公学堂教諭として赴任した。(15) 一九三六年に旅順師範学校および旅順女子師範学校が設立されるまで、中国人教員の養成にはこのような措置が取られていた。

中等教育、実業教育

当初は、中国人向けの中等教育機関は設置されていなかったが、学生数と進学希望者の増加にともない、一九二四年旅順第二中学校が設立された。これは、中国人向けの中等教育機関である。一九三二年には旅順師範学堂と旅順第二中学校が合併して、旅順高等公学校が設立された。したがって旅順高等公学校は、中学部と師範部にわかれており、引き続き中国人教師の養成機関としての機能も備えていた。

さらに、商業、工業、農業に特化した実業教育も盛んであった。当初は、公学堂に補習科が設けられ、公学堂が設置されている各地の事情に合わせて、農業や商業、工業教育が行われていた。しかし、中国人学生の増加を鑑みて、一九一三年には関東庁令第十一号大連商業学堂規則と、関東庁令第十二号金州農業学堂規則が制定されたことにより、大連には商業学堂が、金州には農業学堂が設置された。修業年限は三年であり、おもに商業、農業の実技を習得することが目的である。一九三六年には、協和実業学校も新設され、中国人が学ぶ実業学校が多数設置された。

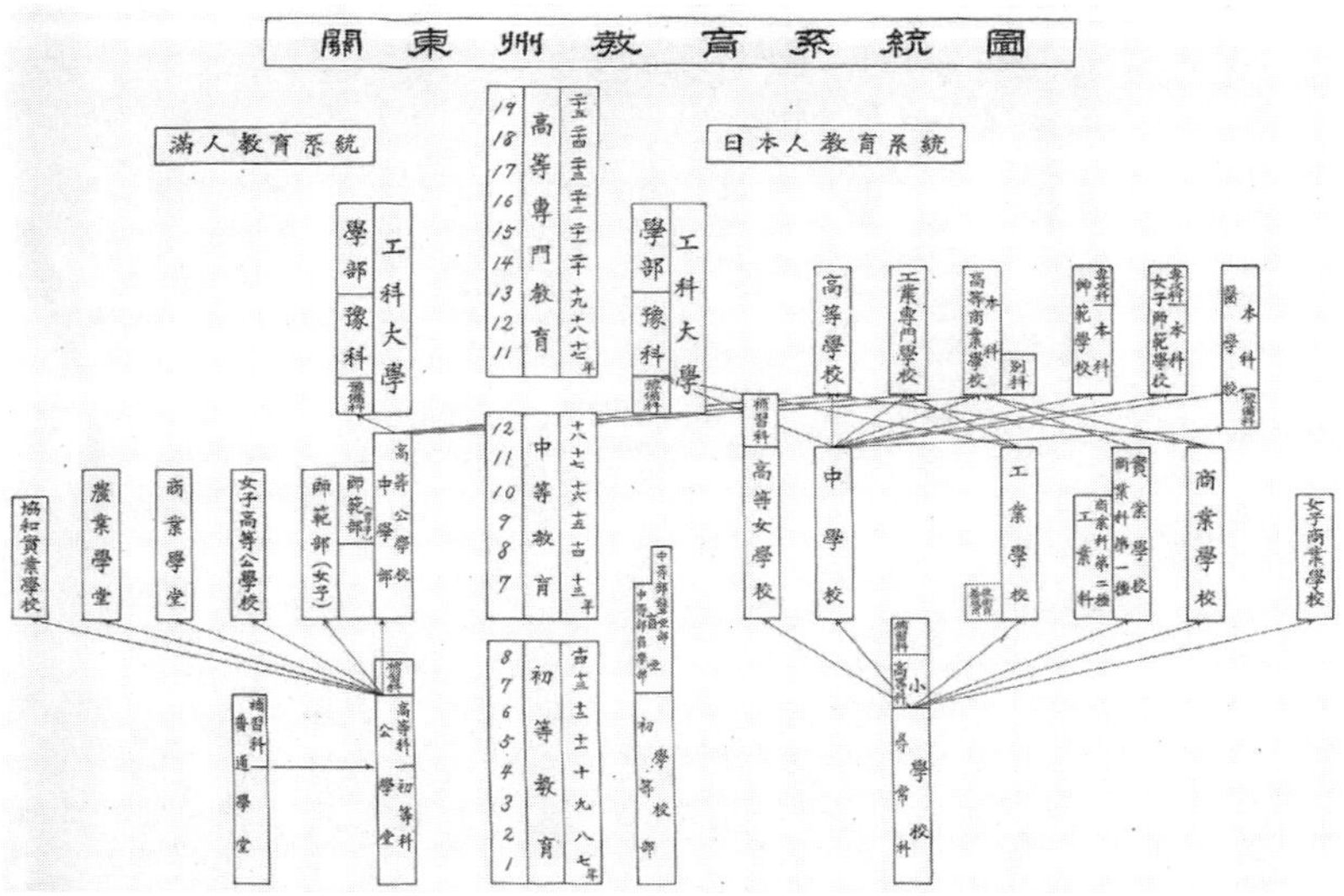

関東州教育統計図＿関東州庁編『関東州の教育』より抜粋（1941 年）

関東州における日本人向け学校

次に日本人向けの教育機関について概観する。中国人向けの教育機関である公学堂と普通学堂などには多くの中国人が通っていたが、こうした中国人向けの学校ではなく、日本人向けの学校に進学した中国人も多かった。彼らは日本人向けの学校でどのような生活を送っていたのだろうか。関東局編『関東局施政三十年史』（一九三五年）によれば、基本的には日本人と中国人は分けて教育しているが、教育上支障がない限りにおいて日本人向けの学校に中国人子弟が通うことは認められているという。

「満人の学校には、普通学堂、公学堂、高等学堂（中学部、師範部）中学堂、商業学堂、農業学堂などがある。普通教育および実業教育は日満人分離主義を採り、専門教育、大学教育は共学の制を探っている。普通教育ならびに実業教育において分離主義を採用したのは満洲人に対して教育上の差別待遇をなすものではなく、日本人に対する国民教育と満洲国人に対する教育とは教育上自ら相違があるのはもちろんであり、かつ最短年限をもって自国の言語文章に通じ風俗習慣を解し教育上支障のない例外として満洲人子弟も小学校、中学校、高等女学校、実業学校等日本人教育の各学校に入学することを認めている。(16)」

「教育上支障がない」とは、おもに日本語の運用能力のことを指していよう。実際に、中国人が日本の学校に進学する際には、日本語の運用能力に応じてクラス編成がなされたり、旅順工科大学のように本科や予科の前に予備科が設けられ、日本語教育に重点が置かれた教育制度もあった。以下では、関東州における日本人向け学校をそれぞれ概観していきたい。

小学校

まず、関東州の小学校は、一九〇六年に大連尋常小学校が最初に設立された。文部省から派遣された教師六名、生徒数は高等科、尋常科を合わせて七十二名、学級数四という極めて小規模な学校であった。しかし、文部省から直接教師を派遣されていることからも、関東州における日本人子弟の教育制度は、日本内地の教育制度の延長線にあることを基本としていたことがわかる。

大連の小学校は、一九一五年までは各小学校に尋常科と高等科が併設されていたが、人口の急増にともなって各校の教室が手狭になり、尋常科に比べて生徒数の少ない高等科は移転を重ねた。最終的に、大連の高等小学校は、大連早苗高等小学校と聖徳尋常高等小学校の二校となった。

日本人が通う小学校は、教科目や教科書は内地の小学校とほぼ同じであったが、関東州の小学校の必修

西暦	小学校	中学、女学校、大学	実業学校、専門学校	公学堂、公学校	その他
1906年	大連尋常小学校 旅順尋常小学校			関東州公学堂南金書院 大連伏見台公学堂	旅順普希金学校(ロシアが建設。創立は1898年。1904年廃校)
1907年	大連伏見台尋常小学校 旅順尋常高等小学校		育成学校（私立）		
1909年				普蘭店公学堂(官立)	
1910年	大連日本橋尋常小学校	旅順中学校(官立) 旅順高等女学校(官立)	旅順語学校（私立）		
1911年			大連商業学校(私立)		
1912年	大連常盤尋常小学校				
1913年					
1914年		神明高等女学校(官立)			
1915年	大連朝日尋常小学校				
1916年					
1917年	大連大広場尋常小学校	大連第一中学校(官立)			
1918年			鉄道公務員養成所（私立）		
1919年		弥生高等女学校(官立)			
1920年	大連春日尋常小学校		大連市立実業学校(公立)		
1921年	大連大正尋常小学校		大連語学校(私立) 満洲法政学院(私立)	沙河口公学堂(官立) 大連明徳公学校（私立）	
1922年	大連松林尋常小学校	旅順工科大学(官立)	南満洲工科専門学校(私立)	西崗子公学堂(官立)	
1923年		大連女子専修学校(私立)		大連商業学堂（官立） 大連土佐町公学堂(官立)	
1924年	大連南山麓尋常小学校 大連嶺前尋常小学校	大連第二中学校(官立)			
1925年			大連音楽学校(私立)		
1926年		大同女子技藝学校(私立)			
1927年	大連聖徳尋常小学校	羽衣高等女学校(私立)			
1928年					
1929年	大連早苗高等小学校		大連盲唖学校（官立）		
1930年	大連下藤尋常小学校	大連女子商業学校(私立)		大連秋月公学堂(官立)	
1931年			南満洲商科学院(私立) 双葉学院（私立）		
1932年	大連霞尋常小学校			旅順高等公学校(官立)	
1933年	大連光明台尋常小学校				
1934年		大連中学校(公立)			
1935年	大連静が浦尋常小学校	大連高等女学校(私立)	大連工業学校(官立) 大連市立協和実業学校(公立)		
1936年		旅順康徳高等女塾(私立)	大連高等商業学校(私立) 旅順師範学校（官立） 旅順女子師範学校（官立）		
1937年	大連日の出尋常小学校	昭和高等女学校(私立)		周水子公学堂(官立)	
1938年	大連向陽尋常小学校	大連第三中学校(官立)		金州聾唖学院(私立)	
1939年			旅順医学校(官立)	金州商業学校(私立)	俄羅斯学校(私立)
1940年		旅順高等学校（官立）	大連工業学校附属技術員養成所（官立）		
1941年	大連上葭国民学校	芙蓉高等女学校（官立）			
1942年			南満洲工業専門学校附属臨時技術員養成所（私立）		
1943年					
1944年					
1945年		大連女子医学専門学校（私立）			

表 1-4　関東州の学校一覧（関東州庁『関東州の教育』（1941 年）および『簡明大連辞典』（大連出版社、1995 年）から筆者作成した。なお、学校によっては、人口増加にともなって合併や改名する学校も少なくなく、同一の学校でも複数の名称を持つ場合があるが、ここでは煩雑になることを避けるために代表的名称を記した。）

科目には「支那語科」があった。小学校は男女共学である。関東州の小学校は義務教育ではなかったが、一九三七年当時の就学率は九九・八三％で、義務教育を実施している内地の全国平均九九・五八％よりも高かったという。[17] 一九四一年当時、大連、旅順地区には、二十二校の小学校があり、二万六三六人の児童が就学していた。

ちなみに、小学校教員の任用資格は以下のとおりである。[18]

1　小学校教員

イ　師範学校、中学校又は高等女学校の教員免許状を有する者

ロ　小学校教員免許状を有する者

ハ　関東師範学校を卒業したる者

ニ　旅順師範学堂附属小学校教員養成部を卒業したる者

ホ　関東高等女学校の修業年限一年以上の補習科に於て小学校教員たるに適する教育を受けこれを修了したる者

へ　満洲教育専門学校を卒業したる者

これらに加えて但書が付されている。

「尚経費の関係上以上の資格を有する者を単に雇員たる教員として採用して居る者がある。満洲国の建国により日満不可分関係はより強化せられ在満邦人の激増に伴ひ小学校は満洲国内各地に設置を見るに

至り教員の採用を単に従来のごとく内地のみより充することは極めて困難の事情に立ち至ったので関東局は昭和十一年男女の各師範学校を旅順に設置して同年六月一日より授業を開始しその卒業生を関東州及満洲全域における邦人初等学校に配置することとなった。[19]」

小学校教員の任用にはさまざまな制限が設けられているものの、やはり人員の確保は急務であり、日本内地から採用するだけでは賄えなくなっていく状況がわかる。公学堂や普通学堂の教員と同じく、次第に現地の学校での教員養成が行われていった。

中学校

一九〇九年に関東州で最初にできた中学校は、満鉄が社員の養成のために設立した私立の育成学校が最初である。もっとも、官立の中学、高等学校が設立されたのは、小学校や公学堂・普通学堂に比べると遅く、一九一七年の大連第一中学校が最初であった。このときすでに小学校は数多く設立されていた。この背景には、関東州在住の日本人にとって、関東州の小学校を卒業したら、日本内地の中学校、高等学校に進学させるという考えがあったという。[20]大連第一中学校の設立以降、大連第二中学校、大連第三中学校、大連中学校と増加していった。

関東州の中学校には入学試験が設けられていた。その選抜方法は、学校ごとに試験問題を作成して個別に行うのではなく、全市統一の選抜試験であった。合格者はこれらの学校に配分され、必ずしも本人の希望する学校に入学できるとは限らなかったという。一九三七年ころからは、入学試験制度が廃止され小学校からの内申書だけによる選考となった。戦時中は、住居に近い学校に入学するようになった。[21]

女学校

関東州では女学校の教育もさかんであった。関東州における女学校は、関東都督府高等女学校官制により、一九一〇年に旅順高等女学校が設立されたのが最初である。一九一四年には、大連高等女学校（神明高等女学校の前身）が新設されたが、入学者が急増したため、一九一九年には実科高等女学校（弥生高等女学校の前身）が設立された。なお、男子の中学校の大連第一中学校と大連第二中学校がライバル関係にあったように、神明高等女学校と弥生高等女学校の関係性もまた同様であった。

女学校の教育は、日本内地の女学校と同様な教育制度のもとで行われていたが、男子同様、「支那語」の必修科目があったことが異なる。とはいえ、「支那語」の授業があるものの日常的に話す言葉は日本語であり、「支那語」を実際に使うことはほとんどなかったという。これは男子の中学にもいえることである。

実業学校、専門学校

実業学校は、満鉄をはじめとする企業経営の私立学校が多いことが特徴である。一九一〇年に東洋協会が設立した大連商業学校がもっとも古い。同校は、一九一二年に五年制の商業学校に改組し、併設する従来の補習学校は夜学部に変更した。また、公立の実業学校としては、一九二六年に設立された大連市立実業学校がある。商業科、工業科を併設し、さらに、英語、支那語、簿記、珠算、タイプライター、電気を専門に学べるコースを夜学部に設置した。このほか、官立の実業学校として、一九三五年三月に公布された大連工業学校官制によって設立した大連工業学校がある。このように実業学校は、工業化をすすめる満洲国と、商業都市として発展する大連の土地柄にも影響されて、商業、工業系の学校が目立つ。また、夜学部を設置する学校が多いことも特徴であり、働きながら専門的な勉強ができる環境が整っていた。

実業学校のほかにも専門学校があった。工業教育や商業教育が求められる事情から、専門技術者の養成機関が相次いで設立されている。一九一一年には、満鉄の工業技術者養成機関として、高等小学校卒業者以上を入学資格とする南満州工業学校を設立した。就業年限は四年であり、建設工学科、機械工学科の二つの専門科が設けられた。さらに、建築工学科は、建築機械分科、鉱山分科、土木分科、農業土木分科の四分科に細分化された。また、機械工学科は、電気分科、機械工作分科、鉄道機械分科、鉄山機械分科の四つに分かれている。(22)

旅順工科大学本館（現・海軍病院　2009年5月筆者撮影）

大学

実業学校や専門学校が設立された社会的背景と同じくして、より専門的な高等教育機関の設置も求められていた。関東州においては、工学を専門とする単科大学である旅順工科大学が設置された。旅順工科大学は、一九〇九年に創設された前身の旅順工科大学堂を基礎として、一九二二年四月に大学に昇格し、一九二六年四月より授業が開始された。旅順工科学堂は専門学校令により設立された官立の専門学校である。原内閣の高等教育拡張計画により、一九二〇年から専門学校の大学昇格が相次ぎ、旅順工科学堂も一九二二年に「大学令」による旅順工科大学に昇格したのであった。大学長は関東長官の監督を受け、関東長官が文部大臣の職務を行なった。

旅順工科学堂の初代学長は関東部督府民政長官自仁武が兼任した。教官の多くは東京帝国大学出身の実務経験者であった。入学者は約百名で、各府県中学校校長の推薦者から選抜され、当初そのほとんどは内地の中学校出身者であった。[23] その後、大連第一中学校など関東州の中等教育機関が設置されたことにより、現地からの入学者が増加していった。またカリキュラムを他の高等工業学校と比較すると、実習・実験、設計・製図の時間が多く、中国語を必須とすること等が特徴としてあげられる。[24]

旅順工科大学は「予科」を設け、それとは別に中国人学生の日本語教育のために「予備科」を附設されており、修業年限は一年で、予備科を修了すると予科に進むことができる。予科とは、本科の入学する前段階として普通教育を受けるところで、修業年限三年、学科目および入学資格等は高等学校高等科の規定によるものであった。学部は機械、電気、冶金、採鉱四つの専攻に分類され、そこからさらに九細分化されていた。授業は、所定科目の範囲内で自由に選択受講することができた。

学校経営と植民地主義

ところで、関東州の実業学校、専門学校、大学が、いずれも一九一〇年代に相次いで設立されはじめていることに気づく。工学、商学、農学を専門とする高等教育機関の設立が相次いだ背景には、中国において欧米など外国経営の学校が急増したことが関係していた。この点について、『関東局施政三十年史』では次のように述べられている。

	年度	事　項
旅順工科学堂	1908	「旅順工科学堂創立覚書」提出
	1909	「旅順工科学堂官制」 公布（勅令第 133 号）
		「旅順工科学堂規則」 制定（関東都督府令）
		本科（4 年制）に機械科・電気科・採鉱冶金科を設置
	1910	第 1 回旅順工科学堂入学式　入学生 117 名
		学友会「霊陽会」が発足
	1913	第 1 回旅順工科学堂卒業式　入学生 73 名
	1916	旅順高等学堂予科（中国人予備教育）開始
	1919	同上を廃止し、旅順工科学堂附属予科を設置
旅順工科大学	1922	旅順工科大学（研究科、本科、予科、同附属予備科）に昇格
		旅順工科学堂を旅順工科大学附属工学専門部と改称し、在学生を収容
	1923	第 1 回予科入学式　入学生 109 名
	1924	旅順工科大学廃校問題
		学生寮を「興亜寮」と命名
	1926	第 1 回旅順工科大学入学式　入学生 64 名
		機械工学科、電気工学科、地金学科、採鉱学科を設置
		興亜寮は予科の寮となる。本科生は旅順市内各所に設置された学生寮に移動
	1929	第 1 回旅順工科大学卒業式　卒業生 54 名
	1936	応用科学科を設置
	1938	附属臨時技術員養成所を設置
	1939	航空学科を設置
	1942	学友会「霊陽会」と「興亜技術同志会」が合併。旅順工科大学同窓会となる
	1945	物理学科と化学科を設置。ソ連軍が校舎を接収
	1946	大学を閉鎖

表1-5　旅順工科学堂・旅順工科大学沿革（石田文彦「旅順工科大学と南満洲鉄道株式会社」(2004年)および『興亜寮史』(1940年)、『旅順の日』(1973年)を参照し筆者作成）

国名	校数	中国人学生数（人）
イギリス	19	7,671
アメリカ	14	3,776
英米共同	9	1,949
フランス	1	180
合計	43	13,576

表1-6　中国における外国経営の高等教育機関統計（1916年）（『関東局施政三十年史』（1935年）を参考に筆者作成）

「元来、我が対支教育の目的は日支の共存共栄を強調し、文化の振興を図って東洋平和の実現を期するに至る。しかるに欧米諸国が支那に対する高等教育機関の施設に意を用ふること日すでに久しく、一九一六年支那全土において四十三の大学および専門学校を設立し、一三、五七六人の支那学生を収容した。各国は相競うて各自国に支那留学生を招致した。翻って我が対支教育施設を顧みるに支那本土はもちろん満洲にさえ大正十一年以前には一つの大学さえもなかったのが現状である。幸い、既設の旅順工科学堂および満洲医科学堂はともにその設備すこぶる完全であり、これを単科大学に昇格せしめ大学予科を附設することを認めて、当局および満鉄会社は各々これが設置の準備を進捗せしめた。したがって旅順工科大学は大正十一年三月勅令第一六〇号、満洲医科大学は同年同月勅令第一六二号をもってこれを設置した。[25]」

一九一六年の時点で、中国には四十三の欧米経営の大学および専門学校が設立されていたという。表1-6は、その外国経営校四十三校の国別内訳である。これらの学校の多くが上海、北京、南京にあった。欧米各国が中国国内に相次いで高等教育機関の設置する一方、日本は一校も存在しなかったため、旅順工科大学の設置を急いだ要因のひとつになったという。

戦前中国における教育機関の設置をめぐって、帝国列強による激しい勢力争いが展開されていたことがうかがえる。学校という教育機関が、植民地主義の前線に位置していたといえるだろう。そのため、日本の学校経営者は中国人学生の求人に積極的に乗り出し、旅順工科大学では、一九一六年以降に中国人学生を対象に日本語教育を専門に行う予備科を設置した。

旅順工科大学の中国人同窓生

ここでは旅順工科大学に注目して、同校の中国人学生についてみていきたい。前述のように、戦前中国では帝国列強による教育機関設置争いが展開していたが、日本は欧米に比べて遅れを取っていた。そこで、中国人学生にはさまざまな特典を用意した。たとえば、関東都督府の給資生制度を設ける、中華民国政府との間に官費生を派遣する、卒業生を政府技術官として登用する、旅順工科学堂を香港大学と同等の資格と認める協定を結ぶ、などである(26)。各省からは官費生募集の通達を出し、さらに旅順工科学堂教員が中国各地の中学校を訪問し、生徒派遣を依頼するなどの営業活動も行なっていた。とくに一九二二年以降の大学昇格を好機と捉えて、「橋本・藤原教授が北京・漢口・南京・長沙・上海・天津の各地を歴訪し、日支共存の策を講じた」とある(27)。こうした営業活動と、中国人向けの中等教育機関が設立されたことから、一九二二年以降の入学者数は定員を確保することになる。

しかし一方で、一九二五年ころになると東北八省における日本の教育政策を批判して、中国に教育権を回復することを目指す「教育権回復運動」が活発化するようになる。また、一九二五年に発生した旅順工科大学廃止事件では、中国教育界から廃止に賛成する姿勢が示された。さらに、満洲事変、日中戦争に至る過程

年度	予科・予備科			
		入学	退学	卒業
1916	高等学堂予科	14	10	
1917		12	1	
1918		19	12	
1919	学堂附属予科	28	5	
1920		22	9	13
1921		11	5	5
1922	大学予科附属予備科	36	19	
1923		27	10	25
1924		44	16	12
1925		34	17	28
1926		14	25	8
1927		14	3	9
1928		10	2	13
1929		11	2	5
1930		12	2	7
1931		11	5	12
1932		9	4	5
1933		11		
1934		21	2	
1935		14	1	
1936				
1937		13		
1938		15		
1939				
1940		16		
1941				
1942				
1943		11		
1944				

表1-7　旅順工科大学の中国人学生の入学、退学、卒業者数（石田文彦（2004年）より引用した表をもとに、旅順工科大学同窓会『平和の鐘』（2000年）を参照しながら筆者作成）

において入学者は減少し、一九三七年以降の入学者は満洲国から派遣された学生であったという。(28)

表1―7は、旅順工科大学の中国人学生の入学、退学、卒業者数を示しているが、一九一九年から一九二四年ころにかけては中国人入学者数が増加傾向にあるものの、それ以降は横ばい状態が続いていることがわかる。また、退学者数が多いことも特徴である。

表1―8は、一九三八年当時の外国人学生の出身地を示したものであるが、やはり「関東州／附属地」や「満洲国」出身の学生が多いことがわかる。また、「朝鮮」からの留学生も少なからずおり、中華民国からの学生よりも在籍していた。また表1―9は、一九三五年当時の旅順工科大学在籍者を「日本人」「満洲人」「支那人」で比較したものである。これによると、「満洲人」や「支那人」の学生が、全体の約二割を占めていたこ

		台湾樺太	朝鮮	関東州／附属地	満洲国	中華民国
学部	1年	2	6	15	13	2
予科	3年		10	18	14	1
	2年		8	15	28	4
	1年		7	19	17	0
予備科				1	13	1

表1-8　1938年度出身地別の旅順工科大学留学生数（関東局編『関東局施政三十年史』（1935年）より筆者作成）

名称	区別	計（人）
工学部	日本人	145
	満洲人	13
	支那人	2
大学予科	日本人	192
	満洲人	33
	支那人	7
大学予備科	満洲人	17
	支那人	0
計	日本人	337
	満洲人	63
	支那人	9

表1-9　1935年度民族別の旅順工科大学学生数。（関東局編『関東局施政三十年史』（1935年）より筆者作成）

とがわかる。

これらの統計からすると、帝国列強による高等教育機関設置争いと中国人学生取り込み活動のなかで、旅順工科大学も中国人学生の増加を目指したが、必ずしも成功したとはいえない状況であった。「興亜寮」の歴史を編纂した『興亜寮史』（一九四〇年）には、「日中学生共存」について述べられている。

「大正十二年度も支那各地より予定以上の入学希望者があって、さらに大正十三年度のごときは七十名を超え其の取捨選択に苦しんだほどである。大正十三年度においては在来の旅順工科学堂則ち工学専門部在学生とあわせて百有余名の多数で総学生の三分の一を超過している。爾来歴代学長、予科主事先人の意を體し、中華学生教化、日華人の共学に大いに意を用いられ、逐年その成果は向上の一途をたどり今日に至ったのである。(29)」

表1–7からもわかるように、たしかに大正十二年である一九二三年度は多数の入学者があり、その翌年もさらに多くの入学者があった。この時点においては、歴代学長や教員、学生たちの努力が報われた瞬間かもしれない。しかしその後の傾向は必ずしも「向上の一途」をたどったわけではない。むしろ、悪化する日中関係の影響を強く受けていた。

卒業生の就職先と満鉄

次に、旅順工科大学卒業生の就職先をみてみよう。石田（二〇〇四年）によれば、日本人卒業生の八二％が企業、九・九％が軍、五・五％が学校、一・五％が官公庁、一・二％がその他に就職している。(30) ここからわかるように、ほとんどの卒業生が企業に就職し、とくに満鉄とその関連企業への就職が際立って多かった。旅順工科学堂、旅順工科大学は、満鉄との関係が密接であり、満鉄への技術者供給源であった。では実際に、どのような満鉄関連企業への就職が多かったのだろうか。表1–10は、満鉄およびその系列会社への就職者数を示している。

これによれば、満鉄への就職がもっとも多いが、次いで満洲電業、昭和製鋼所、満洲炭鉱などの満鉄関連企業が並ぶ。多くの旅順工科大学卒業生が、満鉄関連企業へ就職したが、その一例をあげると、満鉄が開発した特急アジア号は、満鉄本社工作局で設計されたが、工作局課長の久保田正次（一九一四年卒業）、機関車部門の吉野信太郎（一九一八年卒業、後に大連工場長）、客車部門の小島博（一九二一年卒業、後に牡丹江工場長）が、それぞれ設計主任であり、いずれも旅順工科学堂の出身であった。また、満鉄最高技術顧問で満

企業名	人数
満鉄	274
満洲電業	53
昭和製鋼所	36
満洲炭鉱	28
満洲軽金属工業	16
満洲電信電話	14
華北交通	11
大連都市交通	8
福昌公司	6
満洲鉱業開発	5
南満洲瓦斯	4
満洲採金	4
日満商事	3
大連船梁鉄工	3
満洲製粉	2
同和自動車鉱業	2
満洲石油	2
満洲車両	2
満洲鉱業	1
東亜興業	1
山東鉱業	1
満洲紡績	1
復州鉱業	1
満洲航空	1
満洲化学工業	1
満洲鉛鉱	1
満洲曹達	1
満洲人造石油	1

表1-10　満鉄およびその系列会社への就職者数（1913－1941年）（石田文彦（2004年）より引用した表をもとに、旅順工科大学同窓会編『旅順工科大学同窓会名簿』（2000年）を参照しながら筆者作成）

鉄中央試験所の所長であった長丸沢常哉は、旅順工科大学に昇格時の応用化学科教授であった。学生、教員ともに満鉄との強い結びつきがあったことがわかる。

終戦により、卒業生・在学生のほとんどは日本内地に引揚げたが、約五十人の教官と卒業生は中国に残留し、関東電気専門学校、関東電業局等に勤務して東北三省の工業開発、中国人技術者の養成にあたった。[31]丸沢常哉は一九五四年まで中国に残留し、化学工業の開発に従事している。[32]その他、引揚げ後の卒業生の多くは、技術者や大学教員として活動を続けた。

一方で、中国人卒業生の就職先はどうだっただろうか。旅順工科大学を卒業した一七三名の中国人卒業生の多くが、東北三省に就職していた。その内訳は、企業に就職した卒業生が四十五%でもっとも多く、なかでも満鉄およびその関連企業が大半を占めていた。官公庁に就職した卒業生も多く、満洲国国務院などに就職した。その他教員になる卒業生も多かった。こうした卒業生の多くは、戦後、企業工程師や大学教授として東北三省の開発を指導していくことになる。一例をあげると、張有萱（一九三二年卒業）は、北京国家委員会兼機械工業局局長、国家技術委員副主任、中国造船工程学会理事、中国造船工業総公司副董事長等の要職を歴任した。張有萱氏については、Ⅲ章で詳述する。喬縛玉（一九三六年卒業）は、一九四六年に創設された関東工業専門学校の初代校長として就任し、これを母体とする大連大学の設立準備委員主任に任命された。また、張世鈎（一九四五年卒業）は大連理工大学教授および同日本研究所所長を歴任した。

彼らは当時の中国では数少ない、科学技術で高等教育を受けた人材であったが、大躍進、文化大革命期に迫害を受けた。その後、名誉が回復され、一九八五年には「大連市中日友好学友会」が創設され、喬伝玉は名誉会長、張有萱・張世鈎は副理事長となり、日本人卒業生とともに日中間の学術・経済・教育等の交流に尽力した。大連市中日友好学友会の活動については、Ⅳ章で詳述する。

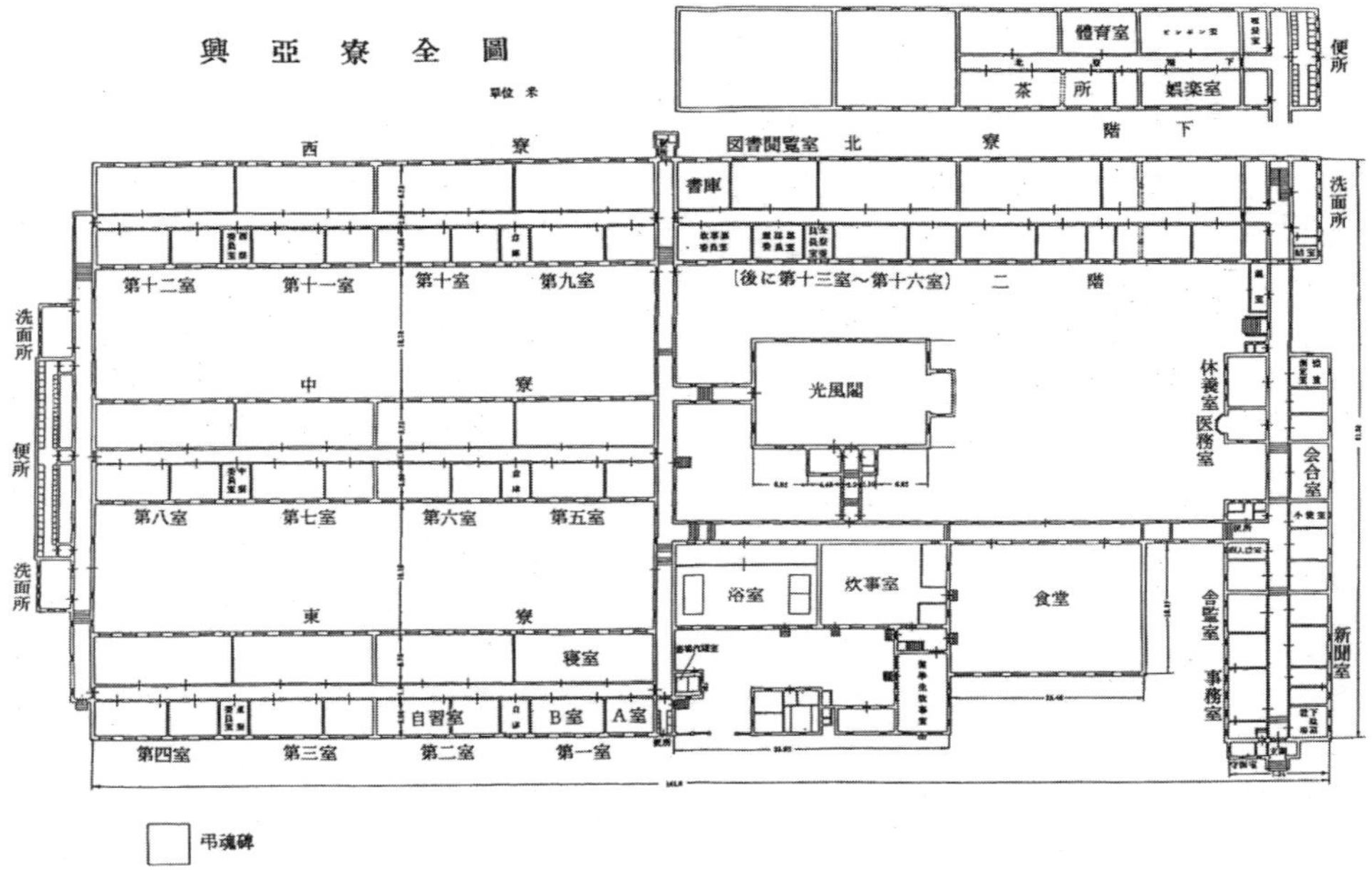

興亜寮全図（興亜寮史編纂委員会編『興亜寮史』1939 年より抜粋）

中国人学生の学校生活

中国人学生はどのような学校生活を送っていたのだろうか。旅順工科大学は全寮制であるため、基本的に学生は「興亜寮」という学生寮で生活していた。興亜寮には第一室から第十二室まであり、一部屋十八～二十人で構成されていた（上図参照）。いずれの部屋も日本人と中国人の混合で、中国人学生と日本人学生は同じ部屋で共同生活を送っていた。各部屋の中国人学生は、三・四人ほどであった。

それぞれの部屋では、室長、副室長が選ばれ、数室に一名炊事係と雑誌係が決められていた。炊事係は、日々の食事の世話を担当し、雑誌係は、興亜寮内で発行されていた興亜寮誌『うずら』の編集・刊行に携わっていた。ひとつの部屋で日本人と中国人がいっしょに暮らすことで連帯も生まれる一方で、問題も起きた。なかでも食事の問題がたびたび起こっていたことが、興亜寮誌『うずら』に記述されている。

「中国人留学生が、最初より日本料理にては食事困難になるため、大正十二年五月生徒監と請負者との相談により、支那炊事を別に作ることになった。今日に至るまで炊事の一元化は問題となり、一元化されたこともあったが、今日では分離の状態にある。我々が米の飯と味噌汁の味、刺身の甘さを忘れ得ぬと同様、先祖代々よりの慣習と大陸の環境の育んだ支那料理より容易に離れ得ぬは想像に難くない。然し日本の学校に学び共に寝食を共にしてこそ、より深き理解ができていくのではあるまいか。一方日本人も満支の奥地に進み大陸開発の鉄鎚を振るう時ただ刺身の味と米の飯のみ恋慕うようでは大業へまい進できない。則両炊事が歩み寄って一元化を計ることは必要なことではないかと思う。」（旅順工科大学興亜寮雑誌部編『うずら』二十八、一九三八年三月）

この記事を書いているのは日本人学生であるが、ここでは分離されている現状よりも一元化するべきだと主張されている。これに対して中国人学生は多くを語っていないが、食事の分離を要求したのは中国人だった。下記は中国人学生の回想である。

「食堂は一つで初期のころは中国人も日本食を食べていた。これに不満をもった中国人学生が中国食も出すべきだと訴え、中国食も選べるようになった。けれども一九四三年からは再び日本食に戻ってしまった。」（『旅順工科大学中国同学記念資料集』[33]、二〇〇三年）

一九四〇年に入ると、戦争の激化にともなって旅順でも軍国主義的教育が広まっており、このころになると食事の選択の余地はなかったようである。ある中国人はこのころを回想して同窓会誌に記している。

「戦争が進むと学校当局は中国人学生にも軍国主義の思想教育を毎日おこなった。興亜寮の寮長に徳永という日本人がいた。彼は軍国主義者でよく中国人学生を監禁して指導していた。私たちはこれは民族隔離だとか中国学生への迫害だと訴えたが聞き入れられなかった。一九四三年ころには満洲各地の大学の中国人学生が反満抗日容疑で入獄されており、興亜寮の中国人も不安な日々を過ごしていた。（中略）ただ、日本人とはよく喧嘩をしたけれど、それは日本人同士でもよくやるような喧嘩と同じである。喧嘩が終われば仲良くやっていた。部活動も同じだったし、日本人の友人もたくさんいた。日本人は廊下ですれ違うと「おす」というが、親しみがあって楽しかった。特定のイデオロギーによって学生以外の権力が興亜寮に介入して中国人学生がいじめられることはほとんどなかった。」（『旅順工科大学中国同学記念資料集』、二〇〇三年）

この回想には、軍国主義化する日本への抵抗意識や中国人としての民族意識と、日本人同窓生への個人的な親近感が同居している。このようなマスターナラティブと個人の記憶とのせめぎ合いを、中国人学生は常に内包しており、その後の人生においても両義的でアンビバレントな記憶と向き合い続けるのであった。

本章では、関東州の学校制度と中国人教育を概観しながら、日本向け教育機関で学んだ中国人学生について述べてきた。日本は、関東州をはじめとする地域において、中国人教育を進めるため、公学堂や普通学堂などの中国人向け教育機関を多数設置した。これらの学校では、漢語などの語学教育も行なっていたが、日本語教育や終身に割く時間も多く、また、中国人教員よりも日本人教員のほうが多かったことなどからも、

「殖民教育」の実践であったといえるだろう。

また、日本人向けの学校においても中国人学生の受け入れを積極的に進め、近代化教育を求める中国人学生のニーズに応える教育政策を行なってきた。しかし、当時の中国大陸においては欧米列強による外国人学校経営をめぐる覇権争いが展開しており、中国人学生の争奪戦が行われていた。折しも、満洲事変、上海事変、日中戦争によって日中関係が悪化するなかで、日本人向けの学校に進学する中国人学生数は伸び悩んだ。やはり関東州における日本の教育政策は、「日中共存」を謳いつつも、多分に日本の利益を優先させた植民地政策であったといえる。

こうした事情を踏まえたうえで、しかし、日本人学校に進学した中国人学生の個人的な思いは、それほど単純化することができるものではなかった。旅順工科大学の学生寮における日本人同窓生との生活においても、その複雑な感情があらわれており、日本人への抵抗感と親近感を抱えながら生活していたことがよくわかる。

このような中国人学生の記憶をめぐるジレンマは、終戦によって新たな困難に直面することになる。日本人学校に通ったその経験は、「祖国への裏切り」とみなされてしまう恐れがあった。戦後中国では、戦争の終結にともなう体制変化のなかで、戦前日本と関係した中国人への差別や迫害が急増する。民族への裏切り者とみなされた人びとは「漢奸《かんかん》」と呼ばれ、中国各所では「漢奸裁判」が開かれて数万人が処分された。

中国人学生は、たとえば政治的軍事的なはっきりとした対日協力容疑があるわけではないが、敵国日本の学校に通った事実は批判材料になりかねなかった。裁判にかけられるような事態にはならないものの、日常的な差別や迫害が迫っていた。

Ⅱ章　日本人の引揚げと中国人同窓生

日本人の引揚げ

本章では、日本の敗戦後の中国において展開した日本人の引揚げと、中国人学生の苦しい社会的立場に焦点を当てていきたい。まずは、敗戦後の混乱のなかで、中国からの日本人引揚げはどのように計画・実行されたのかについて概観する。

これまで引揚げは、日本人の歴史的経験として捉えられる傾向にあった。日本の歴史のなかで語られる引揚げといえば、太平洋戦争の終結にともなって中国大陸や朝鮮半島、台湾、樺太、シベリア、東南アジア諸国、南洋群島などにいた日本人が一斉に帰国した出来事を指すことが一般的である。研究の分野では、日本政府や引揚げ援護庁を中心とした戦後日本社会における引揚げ者の受入れ体制に関する研究や、引揚げ体験をめぐるオーラルヒストリー研究が継続されてきた。また、引揚者の壮絶な逃避行体験をめぐる小説や映画も多数生みだされ、戦争に翻弄された悲劇の歴史として広く知られている。生存者が少なくなってきている現在、これらは戦争の記憶を後世に伝える上で極めて重要である。

しかし、当事者の語りや研究の蓄積によって壮絶な引揚げ体験は広く知られるようになった一方で、戦後の混乱が続くなかで数百万人の日本人引揚げがなぜ可能になったのかという問いや、日本人を「送り返す側」の思惑や論理については十分に知られていない。

東アジア地域の戦後処理をめぐっては、アメリカ・ソ連・中国を中心とした大国間の政治的・経済的思惑が錯綜しており、日本はその国際政治問題の渦中にあった。外地にいた日本人も例外ではなく、それぞれの地域で誰にどのように管理され、どのような処遇を受けて帰国したのか、そしてその背景にはどのような政

表2-1　中国残留日本人の人口と分布

	軍人（人）	邦人（人）	総数（人）	引揚げ港	引揚げ時期
中国大陸	1,044,460	495,431	1,539,891	上海、青島等12港	1945年12月～
満洲	41,916	1,003,609	1,045,525	葫芦島	1946年12月～
大連（関東州）	10,917	215,037	225,954	大連	1947年1月～
計	1,097,293	1,714,077	2,811,370		

厚生省編援護局編『引揚げ援護30年の歩み』（1978年）、若槻泰雄『新版 戦後引揚げの記録』（1995年）から作成

治的経済的思惑があったのか、その実態はよくわかっていない。

　中国にとって「二八〇万人の日本人をどのように送り返すか」という問題は、戦後すぐにはじまった中国国民党と中国共産党による国共内戦においても、「反日」「抗日」を国是とする新しい国家建設においても重要な懸案事項であった。

米中主導の日本人の引揚げ政策

　一九四五年八月十五日以降、中国大陸に取り残された二八〇万人もの日本人をどのように処遇するかは、日本をはじめとする関係各国の重大な問題であった。上の表2−1は、中国大陸に残された二八〇万人の内訳を示している。「中国大陸」とは、現在の北京周辺以南の華北・華中・華南地域を示すが、この地域は邦人よりも軍人の数が多い。これは最後まで日中戦争が展開していたためである。一方「満洲」「大連（関東州）」は、北京以北の中国東北部にあたる。この地域は軍人よりも邦人の数が圧倒的に多いことがわかる。ソ連が侵攻してきたにも関わらずこの地域に軍人が少ないのは、駐屯していた関東軍が終戦間際に逃げ出したためと言われている。大連（関東州）の邦人二十万人の多くが都市生活者であるのに対し、満洲の邦人百万人の多くが広大な中国東北部に点在して暮らしていた。さらにそのなかの二十数万人は、満洲開拓者と呼ばれる農業移民である。

邦人と軍人では人数や地域性ばかりでなく、国際法においても位置づけがまるで異なっていた。軍人の復員は、ポツダム宣言第九項に「日本軍隊は完全な武装解除の後、故郷に帰り、平和な生産と生活の機会を得ることが許される」と明記されており、一九四五年九月から邦人の引揚げに優先され、旧日本軍の責任のもとで実行されることになっていた。一方、邦人の引揚げはポツダム宣言の条項に明記されず、関係各国の判断によって扱いが委ねられることになった。つまり、邦人をいつどのように送還するのか、もしくは抑留するのかは、統治者の裁量次第であった。

国民党は上海、重慶、南京、青島、広州など沿岸都市部を中心に拠点とし、他方、共産党は延安や旧満洲であるハルビン、長春、瀋陽など内陸部を拠点とした。また、戦前からアメリカ海軍は上海、広州に駐屯し、国民党を軍事的・政治的に支援してきた。

他方、終戦間際の満洲に侵攻したソ連は、戦後もそのまま駐留し、満洲の実行支配を続けながら共産党と連携を取った。米ソは国共内戦に連動しながら対立を深めていく。このように、戦後の中国大陸は、国共内戦と米ソ冷戦構造のなかにあり、非常に混沌とした政治状況であった。したがって、中国各地に取り残された日本人は、その場所の統治者・統治国に自らの命を預けることになったのである。

日本の対応

こうした状況下で日本政府は、海外残留日本人問題とどのように向き合ったのか。終戦直後、少なくとも一九四五年八月から九月にかけての基本方針は、「できる限り現地に定着」というものであった。

一九四五年八月十四日、大東亜大臣東郷茂徳による訓令「三ヶ国宣言受諾ニ関スル在外現地機関ニ対スル訓令」において、「居留民ハ出来ウル限リ定着ノ方針ヲ執ル」と定められた（山村・二〇〇九：一八〇）。また、中国においては、一九四五年八月十八日に支那派遣軍総司令部による「和平直後の対支処理要綱」のなかで、「支那居留民は、支那側の諒解支援の下に努めて支那大陸に於て活動するを原則とし（中略）其の技術を発揮して支那経済に貢献せしむ」と言及されている。居留民は残留を原則とする方針であった。

日本政府が、日本人を残留させる方針を取った背景にはいくつかの要因がある。まず、GHQの占領下にあった日本は、戦後ほどなく外交機能を停止され、独自に残留日本人を引揚げさせることができなかった。また、戦争によって日本国内の財政も逼迫し、国内の日本人の生活もままならなかったため、引揚げ者のための膨大な数の引揚げ船や食糧、衣料などの生活物資を用意することは極めて困難であった。

だが、もっとも大きな要因として指摘されているのが、「財産の保護」である。日本が大陸進出以降設置してきた工場や施設、農地といった「財産」を保護し、なんとか確保するために、日本人が残留するというものであった。日本が中国に残した資本や財産は「敵性財産」と呼ばれ、結果的にその大半は統治者によって接収されることになるが、当時の日本の指導者たちは少しでも接収を免れる方法を考えていた。一九四五年八月十八日の支那派遣軍総司令部による「和平直後の対支処理要綱」が策定されている。以下はその一部である。

七．在支居留民は、支那側の諒解支援の下に努めて支那大陸に於て活動するを原則とし、其の技術を発揮して支那経済に貢献せしむ

八．交通、通信、重要事業場工場及び公共事業等に於ける日支合弁国策会社の日系社員を一斉に撤去する時は（中略）社会的経済的に至大の影響を及ぼすべき以て日支間に新たに約定して斬進的に日系社

員を退去せしむ

十．在支諸企業、経済技術部門等の残留定着または新たなる進出等に方りては特に旧来の権益思想を一擲し誠意を以て支那の復興建設に協力し日支の提携を促進するを主眼とす

本資料から、日本政府は日本が築いてきた財産を引き続き保持して、日本の技術力・経済力を通じて戦後中国社会に影響力を保つことを主眼として、日本人の残留を原則としたことがわかる。

中国の対応

一方、中国国民政府は、日本政府による日本人残留原則に呼応して、日本の「遺産」を活用することを望んでいた。一九四五年八月十五日、蒋介石はラジオ放送で「余の対日方針」という声明を出し、軍国主義を排して民主主義に則る中華民国政府の基本対日方針を発表した。蒋介石は、共産党との内戦に対処するために日本軍の「遺産」を活用することを望み、各地における八路軍などの共産党勢力による攻勢のなかで、日本軍の武力を抑止力として利用しようとした。

軍事力だけではない。日本の技術力にも強い関心を示し、日本の工場や企業、そして技術者の留用も求めた。日本政府が中国社会の復興に影響力を保持しようとしたことに反応して、日本との経済提携や日系企業の維持、技術者の残留などを要望した。

たとえば、上海では、「关于上海市留用日籍人员各机关法团组织简则草案」（一九四五年）など残留日本人の留用をめぐる規則草案が作成され、日本人労働者や技術者の徴用に関する規則を作成し、残留日本人を経済活動に活用していく方針を取った。また、上海市警察局も「上海留用日僑名冊」（一九四七年）など名簿を

作成して残留日本人を管理しはじめた。国民政府にとって、共産党との戦いにおいても来たるべき内戦後の新しい国家建設においても、日本の残した「遺産」は不可欠だったのである。

これに対してアメリカは、残留日本人の「早期送還」を求めていた。終戦当時のアメリカ大統領トルーマンは回顧録のなかで以下のように述べている。

「一九四五年当時の中国には、三百万人近い日本人がおり、百万人以上が軍人でいた。我々がこの日本軍隊を除く措置を講じなければ、日本軍はたとえ敗れても、中国を押えていくことができた[34]」

アメリカにとって中国大陸に残る日本人は依然として脅威であり、早期に送還させる必要があったのである。また、日本人を早期に送還させる方法として、トルーマンは次のように回想する。

「蒋介石率いる国民政府軍は重慶を中心とする華中を拠点としている。長江より北は中国共産党の勢力下となっているため、国民党の影響力は弱い。したがって、国民政府軍が華北に手を伸ばすためには、共産党の同意を得なければならず、また共産党とソ連側の同意なくしては旧満洲に入ることはできない。そこで我々は、日本軍が放棄した武器弾薬を国民政府軍に支援し、華中に駐屯する国民政府軍を華北に移送して、海兵隊を港湾警備のために派遣する。任務にあたるのは第七艦隊である。[35]」

日本人の早期送還を望むアメリカ政府と、日本人の現地定着を原則とした日本政府および、その日本人を留用することを望んでいた中国国民政府とは方針が異なっていた。だが一九四五年十月以降、日本も中国も

日本人の残留原則から引揚げ方針に転換していく。敗戦国である日本はアメリカに従わざるを得ず、アメリ

カを後ろ盾とする国民政府もまたアメリカの政策に同意した。

ＧＨＱは、厚生省に対して「引揚げに関する中央責任官庁」を設置する司令を出し（一九四五年十月十八

日）、日本側の引揚げ者受入れ体制を整えることに着手した。一九四六年に入ると「米国船の整備に関する

件」（一九四六年一月十八日）、「輸送力増強に伴う引揚げ者受入れ体制の整備強化に関する件」（一九四六年

二月七日）などが次官会議で決定され、全面的な引揚げ方針に転換する。残留日本人の引揚げ事業は、アメ

リカの政策決定によって大きく左右されることになる。

また国民政府も日本と同様に方針転換し、遣送計画を策定しはじめた。[36] 一九四六年一月には中国陸軍総司令部が訓令を発し、アメリカとの協議に基づいて日本軍をすべて帰還させるとともに、留用していた日本人技術者についても、残留希望者と否の二種類に分けて希望しない者はすみやかに帰国させることを決定した。一九四五年十一月二十七日にはアメリカ政府による日本人早期送還政策が策定され、米国海兵隊の中国継続駐留や、第七艦隊による国民政府軍の華北・東北への追加輸送を決定した。

以上の点から、日本人引揚げをめぐる日本・中国・アメリカの関係をみると、日本人引揚げにはアメリカ政府の意向が強く反映していることがわかる。そしてこの政策決定は、一九四五年十月から一九四六年一月にかけて上海において実施されていた。その一端は、上海市档案館所蔵の中國陸軍總司令部第二處編『遣送日俘僑及韓台人帰国有関条規集』（『遣送日俘僑及韓台人帰国有関条規集』中華民國三十五年、一九四六年、館蔵番号 Y6-1-29）などの資料からその舞台裏を垣間見ることができる。

アメリカ側	中国側
中国戦区アメリカ軍総司令部（日俘僑遣送組長以下将校9名）、第7艦隊（作戦指揮官2名）、戦時船舶管理処（作戦指揮官2名）、南京総連絡部（1名）。合計14名	国民政府軍政部（水路軍少将1名）、国民政府陸軍総司令部（陸軍少将2名）、交通部（全國船舶調配委員會および水路軍運指揮部上海辦事處から5名）。合計8名

表2-2　第1回・第2回上海会議の参加者。（中國陸軍總司令部第二處編『遣送日俘僑及韓台人帰国有関条規集』（1946年）より筆者作成）

米中による日本人遣送政策協議

アメリカと国民政府による上海会議は、一九四五年十月二十五日と一九四六年一月五日の二回にわたって開催された。この会議は、遣送政策をめぐる転換点であったとともに、具体的な早期送還方法と各機関の役割が決定された会議であった。二回開催された会議には、アメリカ海軍と国民政府の要人が参加した。双方の参加者は表2－2のとおりである。

第一次上海会議（一九四五年十月二十五日）では、まず日本人送還におけるアメリカと国民政府の役割分担が決定された。

総則

A．日本人遣送政策は、国民政府の責任のもとで実施される。

1．中国戦区アメリカ軍総司令部が引き続き中国に留まり、国民政府とアメリカ軍の連携を取るための連絡部処を設置する。

B．遣送事業は二段階で構成する

1．日本人の港湾への輸送と乗船時の検査は、中国陸軍総司令部が担当する。

2．中国から日本への海上輸送は、アメリカ海軍第七艦隊が担当する。

C．遣送対象となるのは、中国大陸に残留する邦人と台湾・朝鮮籍の人びと、さらに日本内地に残留する中国人である。満洲残留者はこの会議では検討対象外とする。

アメリカが用意した船舶（LST 輸送船）

アメリカが用意した船舶（リバティ型輸送船）

総則によれば、送還政策は国民政府の責任のもとで実施され、中国各地から港までの輸送は中国が、港から日本までの輸送はアメリカが担当した。二八〇万人もの日本人の海上輸送には相当数の船舶が必要であるが、中国から日本への海上輸送を担当したアメリカは、輸送のための船舶も提供した。利用された船舶は、米国船ＬＳＴ輸送船（戦車揚陸艇。一五〇〇名収容可能）八十五隻、米国船リバティ型輸送船（一五〇〇名収容可能）百隻、病院船六隻である。その他の船舶による輸送については、ＳＣＡＪＡＰ（日本商船管理局）の責任のもとで実施された。

中国の役割

中国側のおもな役割は、中国各地から港への日本人の輸送と乗船時の検査であった。とりわけ携行品の検査については、細かい品目に至るまで詳細に取り決められている。それによると、上海会議で決定された携行品の制限は、旧満洲などからの引揚げ体験で語られるような「着の身着のまま」の過酷な状況ではなかったようである。

荷物の重量は、一人当たり三十キロまで許可され、許可された物品は、洗顔用具、じゅうたん（または綿花布団）一式、掛け布団一枚、冬服一式、夏服一式、コート一着、手提げカバン、手提げ袋が各一点、そして、（革）靴、短パン、シャツが各三点とその他の身の回り品である。ひと通りの生活必需品は携帯することができた。現金も一人千円まで所持が許された（日本人将校は五百円、兵士は二百円）。

一方で、携帯が禁止・制限された物品は、爆発物、武器弾薬、日本刀、カメラ、双眼望遠鏡、光学機械、金、銀、未加工の宝石、美術品、株券、身分に合わない装飾品、一般的な需要を越えるきざみたばこ、葉巻、紙巻きたばこ、一般的な需要を越える食糧、歴史書籍および報告書・統計書およびそのほかの類似する資料等があげられている。

このように細かく制限された背景には、日本軍や日本人がふたたび中国で勢力を取り戻すことを阻止するための措置であるだけでなく、日本の物品や財産が共産党やソ連勢力に渡らないためでもあった。終戦直後の中国では、国民政府や共産党、ソ連による日本の「敵性財産」の争奪戦が展開されていたのである。

引揚げ港の選定

上海会議では引揚げが実施される港も選定された。選定された港は、塘沽、青島、連雲港、上海、廈門、汕頭、広州、海口、三亜、海防、基隆、高雄の十二港である。その結果、一九四五年十二月四日、上海からの遣送が開始された。第一陣では、二一八五人の日本人が帰国した。同船の機関士は日本人で、アメリカ海軍タイプス中尉以下米軍二十一人も同乗していた。

だが、上海会議で決定された港は華中・華南地方に集中しており、共産党・ソ連勢力下に近い華北・東北地方の港は含まれていない。旧満洲や関東州に残留する多くの日本人を引揚げさせるには、どうしても華北・東北地方の港が必要であった。上海会議のなかで、中国戦区アメリカ軍総司令部日俘僑民遣送組長ホイットマン少将は次のように発言している。

「満洲に関しては、少なくとも二つの港湾を必要とする。その一候補は、葫芦島で、もし許されるならば他の一つは大連である。できれば我々は、瀋陽に米軍の輸送本部を設立し、同時に中国側の関係機構の設置を必要とする。瀋陽を拠点にできれば、国民政府軍は、ハルビン、長春、チチハルに遣送部隊を設立し、旧満洲の各地に点在する日本人を内陸地区から港湾地区まで時間通りに移動させることが実現できる。これら機構の準備は、一九四六年四月一日前後に開始したい」

日本人遣送の地を示す石碑。「1050000」は引揚げた人数を示す。もともとこの石碑は海辺に建立されたが、海軍基地の敷地内だったため近年移転された。（2013年8月筆者撮影）

上海会議でアメリカは、ソ連・共産党勢力圏である満洲からの引揚げも視野に入れていた。ただ、ホイットマン少将の計画が実現されるまでには、まだ多くの課題が山積していた。葫芦島は、アメリカ海軍の拠点から近く、国民政府と共産党の勢力の境界付近に位置していた。旧満洲の日本人を送還させるためには葫芦島港を確保するためには、まず、瀋陽に米軍の輸送本部を設置する必要があり、そのためには、国民政府と共産党の内

現在の葫芦島港の景色。葫芦島市は石油と造船を主要産業とする工業都市である。中国海軍の重要拠点であり、中国初の原子力潜水艦が建造された都市としても有名。日本人が引揚げた海辺には、富裕層の高層マンションが立ち並ぶ。

戦を一時停戦させなければならなかった。

中国側の要求

終戦直後の日本政府は中国に残した財産を守るために在留日本人の定着方針を執ろうとしていたが、実際には終戦直後からすでに中国全土で接収が始まっていた。とりわけ旧満洲では、ソ連や共産党による強制的な接収が頻発していた。たとえば、炭鉱や鉄鋼で有名な重工業の拠点であった撫順市や按山市では、日本が建設した大規模な施設が早々にソ連や共産党によって接収された。接収は建物や施設にとどまらず、高度な技術をもつ技術者も対象となり、知的財産も留用された。そのため国民政府にとって敵性財産の接収および共産党・ソ連への流出阻止は急務であり、上海会議でも議論が交わされている。

「日本が中国国内で築いた資本と日本僑民の個人財産、いわゆる「敵産」の没収は、長年日本の侵略・蹂躙を受けた中国にとって勝者の当然の権利である。侵略者の権勢を頼みにして脅迫や懐柔など種々の不当な手段で手に入れた土地や権益は当然元の持ち主に返すべきである」

（『遣送日俘僑及韓台人帰国有関条規集』）

敵性財産の処理は、国民政府にとってもアメリカにとっても重要な問題であった。共産党と対峙する国民政府にとって敵性財産が流出することは戦局に大きく影響するだけでなく、ソ連と対峙するアメリカにとっても無視できない問題であった。したがって国民政府から出された主張は、本会議においてアメリカの承認を得た。

このような敵性財産の接収は中国全土で展開し、大蔵省管理局による『日本人の海外活動に関する歴史的調査』によれば、中国最大の産業都市であった上海の接収状況は以下のとおりであった。

「金融業、運輸通信業、貿易収買業、物品販売業、紡績業、金属工業、造船業、機械器具工業、化学工業、繊維工業、製粉業、食品加工業、その他の工業、土木建築業、文化事業・文化施設などの会社・店舗・工場が、国民政府に接収された。八九兆九三六八億六六〇〇万元、一八億三〇〇〇万米ドルに相当(一九四五年当時)。これは華中、華東、華南における日本の資産総額の九〇%を占めていた」

日本によって設置された「遺産」は、アメリカ・中国・ソ連にとって重要な資源であった。

上海会議後の送還政策

二回の上海会議によって決定された政策は、その後GHQを通して「引揚げに関する基本指令」(一九四六年三月十六日)として日本政府に通達され、この基本指令に基づいて邦人の引揚げは実施された。アメリカ・国民党勢力下の都市からの引揚げがはじまったのはその直後である。

一九四六年から四七年にかけての一年間で、アメリカ・国民党勢力下に留まっていたほとんどの軍人、邦人が日本に帰国した。ただし、この時期に引揚げたのは、あくまでもアメリカ・国民党勢力下の都市であって、ソ連・共産党勢力下の旧満洲や関東州からは、まだ引揚げることができていない。

旧満洲から日本人を送還させるには、アメリカ海軍の拠点から近く、国民政府と共産党の勢力の境界付近に位置する葫芦島を確保する必要があり、そのためには瀋陽に米軍の輸送本部を設置し、国民政府と共産党の内戦を一時停戦させなければならなかった。この内戦停戦の任務のために北京に派遣されたのが、マーシャルであった。マーシャルは、一九四五年十二月二十日に北京に赴いてからおよそ一年間中国に滞在し、なんとか国共停戦は実現した。

1945年12月27日に開催された国民党代表張群（左）、アメリカ代表マーシャル（中央）、共産党代表周恩来（右）による3者会談の様子。この会談後、国内各地の軍事衝突は一次停止された。（遼寧省葫芦島市政府新聞弁公室・遼寧省社会科学院編『葫芦島百万日本居留民の大送還』（2005）より抜粋）

アメリカの支援を受けた国民政府軍は一九四六年四月に瀋陽に攻勢をかけ、ふたたび共産党軍と衝突する。一九四六年六月には、アメリカ政府が国民政府に向けて「対中軍事援助法案」を可決し、共産党との対立をいっそう深めていく。さらに、共産党を支援するソ連とアメリカの対立も顕在化し、冷戦構造が鮮明になっていった。そうしたなかにあってマーシャルの停戦工作は継続され、一九四六年五月十一日には「在満日本人の本国送還に関する協定」がアメリカ、国民政府、共産党によって締結され、葫芦島が確保された。アメリカ船を中心に引揚げ船が葫芦島に集結し、この場所から百万人の日本人が引揚げることになる。

その後、アメリカとソ連の協議がはじまり、「東北中共官制区の日本人送還の協定書」（一九四六年七月一日）、「ソ連地区引揚げに関する米ソ協定」（一九四六年十二月十九日）が結ばれた。以下は、「ソ連地区引揚げに関する米ソ協定」の抜粋である。

・引揚げの対象は、ソヴィエト社会主義共和国連邦及び同国の支配下にある領土からの日本人俘虜及び一般日本人及び、北緯三八度以北の北鮮に向けた在日朝鮮人。

・下記の港がソ連邦支配下領土よりの日本人の引揚げに使用される。ナホトカ（沿海州）、真岡（樺太）、元山（朝鮮）、威興（朝鮮）、大連（中国）。

・在日朝鮮人の引揚げには佐世保港が使用される。

・引揚げ港からの日本人の引揚げ数は月五万名とする。

・在日朝鮮人の引揚げは、往復輸送の方法により、北鮮より日本人が一万人引揚げた後に同時に行われる。

・引揚げ船は、日本にある連合国軍最高司令官が提供する。

・連合国軍最高司令部の監督下にある引揚げ船は、ソ連邦領海及びソ連邦支配下の領土の領海においては、ソ連邦側の指定した海路及び規則に従う。

・乗船時より目的港に到着するまで、食糧、必要な医療設備及び補給物資を引揚げ者に支給する。

・ソ連邦領土及びソ連邦支配下の領土からの日本人俘虜及び一般日本人の引揚に要する費用並びに日本より引揚げる朝鮮人の引揚げ費用は、日本政府が負担する。

以上のように、二回の上海会議では具体的な日本人の送還政策が協議され、仔細な部分にまで協議が及んでいた。第一回上海会議直後の一九四五年十二月に、上海から残留日本人の第一陣送還事業がはじまり、また一九四六年三月にはＧＨＱを通して日本政府に引揚げ方針が伝達されたように、上海会議において日本人の送還政策の基本方針が決定されたといえるだろう。

またアメリカが早期送還を求める一方で、国民政府のねらいは共産党との駆け引きのなかで日本の敵性財産をどのように活用するかという問題であった。国民政府を支援するアメリカにとっても、共産党・ソ連に敵性財産が流出することは不本意だった。日本人の送還政策には、それぞれの国家の思惑が連動していたことがわかる。

中国国民政府による日本人管理体制

アメリカ主導の上海会議を経て日本人送還計画は実行されることになるが、国民政府は終戦直後から独自に日本人の処遇に対処していた。一九四五年九月三十日には、「中国境内日僑集中管理法」を発布して、まずは中国にいる日本人を集中的に管理することを決定した。

第一条　中国国内（旧満洲を除く）各地に散在する全ての日本僑民は、当該地区の中国陸軍の指揮官が指定した区域に集中させ、省政府または市政府に紬その管理を移管する。

第二条　日本僑民の集中については、各地区の中国陸軍投降受理の指揮官は、該当地区の日本官兵善後連絡部長に命じて収容者の名簿を作成させ、かつそれに従って通知することで集中させる。

第三条　命令に従って集中する日本僑民は、衣服、寝具、炊事道具、洗面道具、手持ちの食糧など日常生活に必要な品物を携行することができる。私有の物品は時計、万年筆などの筆記用具や軍事と関連のない書籍を持ち込むことが許される。貨幣は中国元で五千元まで持ち込むことができる。携帯が許されないもの、あるいは携帯してはいけない物品は、省政府、または市政府に預けることとする。携帯が許されない金品と価値のある物件は全て自分で中国政府銀行に預託し、将来の賠償金の一部にあてることとする。

第八条　各地区の日本僑民集中居住区ごとに日本僑民集中管理所を設置する。一か所に複数の集中居住区が設置される場合は、数字をつけてこれを区別する。

第十条　日本僑民集中管理所の労役と雑役はすべて、管理所長が分配し指揮をとる。

第十二条　日本僑民の外部との通信は検閲ざれ行動も監視される。ただし家族が一緒に住むこと、および日本僑民自らが一種の自治組織を作ることは許可し、管理の利便性を図る。

第十五条日本僑民集中管理所は、日本僑民に対して民主教育を施し、帝国主義・軍国主義教育の排除を図る。

この法律に基づき国民政府は、中国各地の大都市に「集中営」と呼ばれる日本人収容所を設置し、日本人を集中させ管理した。集中営は、おもに沿岸部の大都市に設置され、もともと日本人居留民が住んでいるエリアに設置されている。集中営にはもともとその場所に住んでいた日本人だけでなく、内陸から引揚げてきた軍人・邦人も一緒に収容された。また住居が不足する場合は学校や役所も集中営として利用され、たとえば上海の日本第九国民学校の場合、二百名ほどの日本人が教室ごとに畳を敷いて数家族二十～三十名が生活していたという。

終戦直後の大連と日本人

ソ連軍政下にあった大連における日本人の引揚げは、国民政府下の都市に比べて遅く、一九四七年に開始される。大連の日本人居留民のあいだでは、自発的な日本人会がいくつか組織されていた。日本人青年奉仕団や市会議員らを中心として、難民救済を目的とした組織であったが短命に終わることが多かった。その後、一九四六年一月二十日にソ連軍指導のもとに発足した日本人労働組合が組織されて以降は、同組織がソ連軍と日本人居留民のあいだを取り持っていたという(37)。大連からの引揚げは、第一次引揚げ（一九四六年十二月～一九四七年三月）、第二次引揚げ（一九四八年七月）、第三次引揚げ（一九四九年九月・十月）の三次実施され、約二十二万人の日本人が大連から引揚げた。

終戦から引揚げまでの大連の様子については、富永孝子は『大連・空白の六百日――戦後、そこでは何が起こったか』（二〇〇三年）に詳しい。富永は、一九三二年に山口県に生まれ、父親の仕事の都合で一九四三年から一九四七年までの五年間を大連で暮らした。大連の光明台国民学校を経て、大連芙蓉高等女学校に進学し、終戦から引揚げまでの二年間を大連で過ごしている。このときの大連での約二年間の生活を綴ったものが、前記の本である。「六百日」とは、一九四五年八月十五日から、一九四七年三月二十八日の引揚げまでの期間を指している。

帰国後富永は、一九五五年に早稲田大学第一文学部に進学し、卒業後は雑誌記者を経て一九五八年に日本教育テレビ（現・テレビ朝日）に入社する。一九六二年に退社後、テレビ局を中心に広報、企画構成に参画してきた。

この本は、大連出身の日本人のあいだではよく知られた本である。その理由として考えられるのは、この本が多くの大連出身者たちの記憶と重なる叙述がなされているからであり、大連の日本人社会のモデルストーリーとして認識されているからであろう。富永はこの書を執筆するにあたって次のように述べている。

「敗戦後、異国となった土地で、異民族の支配のもとに過ごす敗戦国民の一年半の不安は、かつて体験したことのない試練であった。なぜああなったのか、どうしてこうした結果に終わったのか。これまで個人の体験を語ったものはあった。が、新聞もラジオもないあの一年半の大連の全貌を正確に記した著作はなかった。できる限りの資料と証言で、未知の部分と記憶の空白の一年半を埋めておきたい。」

（はじめに）

この書は敗戦から引揚げまでの「六百日」の出来事を綴ったものであるが、この「六百日」のあいだの出来事は、当時大連に住む日本人に振りかかった悲劇として描かれている。前半では、「六百日」の悲劇と対照させるかのように、戦前の華やかな大連が抒情的に描かれている。

「大連の中心地は円形の公園がめぐり、重厚な建物が林立する「大広場」を中心とした景観は、ヨーロッパそのものであった。白いアカシアの花陰を、帽子に正装した美しい婦人を乗せた馬車が、蹄の音を残し、浪速町や伊勢町に消えてゆく。そこには日本には見られない、コティ、ミツコ、ダンヒル、ロンジンなど、世界の逸品が豊富に並んでいた。白塗りのグランドピアノのある豪華な喫茶店エミや、レストラン・ビクトリアまで足をのばして一服、時にはヤマトホテルで白服のボーイにかしづかれての昼食。帰りには輸入食品「宅の店」やバイジス商店に立ち寄る。（中略）白系ロシア人のほか、ヨーロッパ各国から人びとが集まり、国際色豊かな大連は、ヨーロッパにあこがれる戦前の日本人を充分に満足させた。大連の日本人の生活水準は日本内地よりはるかに高く、のびやかであった。上下水道は完備、家屋はレンガや鉄筋の洋風建築で、暖房設備は整い、ほとんどの家庭にガスがあった。なかにはすでに洗濯機や撮影・映写機のある家もあった。」（富永・二〇〇三：三四）

ヨーロッパ調の町並みに憧れ、裕福な生活を送っていた日本人の営みが、大広場周辺の情景から描かれている。大広場は日本人にとって豊かさや華やかさの象徴であったといえよう。大広場に対するこうした視点は、大連出身者の多くの回想記にもみられ、筆者がインタビューした日本人同窓生にとっても共通の認識であった。

だが、華やかな記憶は戦後のつらい記憶にかき消されてゆく。一九四五年八月以降、大連の日本人は、大連に侵攻してきたソ連軍先遣隊によって住居を追われ、行動を制限され、女性たちは一部のソ連兵の暴行に震えていた。

「午後六時でした。私は大広場の歩道に腰を下ろし、ソ連軍入城を待っていました。サイドカーを先頭にマンドリン銃を構えたソ連兵、その後に軍使たちの乗った黒塗りの日本の公用車が次々にヤマトホテルの前に到着しました。日本軍隊からソ連軍隊の手に移るわたしたちの故郷大連、私はとても複雑な気持ちでした。」（富永・二〇〇三：七八）

ソ連軍侵攻後、司令本部が旧ヤマトホテルに置かれ、大広場はロシアによる統治の中心地となった。また、敗戦から二ヵ月後の十一月七日は、ソ連軍の革命記念日であった。この記念祝賀会には日本人の全員参加が通達されたが、富永はそのときの状況を、ある日本人の『吉龍日記』という日記を引用して次のように書いている。

「今日はロシアの十月革命記念日。今年は二十八回目とのこと。九時四十分までに学校（大連二中）に集合して旗行列があった。二中出発、西通り大広場ヤマトホテル前に行き、バルコニーに立っているコズロフ等に対して万歳をし、後、大連神社へ行き、神社参拝後同地で解散した。この日くらい情けない思いをしたことはない。沿道の中国人群衆の見守る中を、皆うつむき加減に歩き、大広場のヤマトホテルの前に行った。バルコニーには勲章をたくさんつけたソ連軍の将官が三人立っていた。真ん中がコズロフ中将であった。我々は声もなく紙製のソ連旗を振るのみであった。」（富永・二〇〇三：二六六）

このように、ソ連軍が、旧ヤマトホテルや大広場を占拠する様を見せつけることで、大連に住んでいた日本人は敗北感と屈辱感を味わった。そして女性たちは、ソ連兵の暴行にもおびえなければならなかった。富永は清岡の『アカシアの大連』を引用しながら、男性と女性の記憶の差異について言及している。

『アカシアの大連』の戦後大連の描写は淡々と美しい。ソ連兵などの性暴力の対象でなかったこと、家族を養う義務がなかったことなどが、若い男性を自由にした。すべての秩序も権威も崩壊したなかで、自由の空気を胸いっぱい吸い込み、若さと力を思う存分発揮したこの時代は、彼らにとって二度とない貴重な楽しい思い出を作ったのである。それにくらべ、女性たちは相変わらずソ連兵の標的となっていた。進駐直後の狂暴さは納まったものの、突如野獣化する彼らのために、女性は常に戦々兢々であった。」（富永・二〇〇三：二七三）

華やかな戦前大連での生活とは対照的に、ソ連の進駐と、ソ連兵の暴行から身を守る女性の苦悩が描かれている。それが大広場を通して象徴的に描写されていることは印象的である。このように、富永をはじめとする大連出身の日本人は、ロシア人やソ連兵のことを「ロ助」と呼び、その非情さを語る。この本にも登場するが、「ソ連兵は略奪した時計を腕にたくさんはめていた」や「ソ連兵は隊列を組んで歩けば必ず歌を歌っていたが、それはとても上手だった」などという記憶は、他の日本人の語りからもよく聞くことができる。戦前の華やかさと対照的に、逃げ隠れる戦後生活の過酷な記憶は、男女を問わず多くの大連出身の日本人の共感を呼んだ。

日本人の留用と大連日僑学校

大連からの日本人引揚げは一九四九年に一旦終了するが、それでもまだ千二百名ほどの日本人が残留していた。[38]とりわけ、技術者や医師、看護師などが強制的あるいは自分の意思によって残留していた。いわゆる「留用」である。満鉄本社の置かれていた大連では、満鉄およびその関連企業に所属していた研究者や技術者が多数暮らしており、その優れた技術力は戦後中国における社会再編のなかで貴重な「人的資源」として重視されていた。残留期間は人によって異なり、一・二年の人もいれば、十年におよぶ人もいるが、多くの人は一九五三年ころまでに帰国した。化学工業や紡績業などの技術者が留用されることが多かったという。

たとえば、満鉄が経営していた満鉄中央試験所の所長であり、旅順工科大学でも教鞭をとっていた丸沢常哉は、一九五五年に帰国するまで留用されていた。丸沢は遼寧省や四川省など中国各地の国営工廠で勤務を命じられており、その間の体験を『新中国建設と満鉄中央試験所』（一九七九年）にまとめている。[39]

大連の留用者は、家族を含めて留用されるケースも少なくなかった。その場合、留用者の子弟の学校を設立する要望が出されるようになり、日本人留用を受け入れる条件として中国側に学校の設立を要請した。こうして一九四七年に設立されたのが「大連日僑学校」である。「日僑」とは、戦後中国に残留していた日本人を指す中国語の呼称である。大連日僑学校の設立には、大連市政府と先述の日本人労働組合が関わっていることもあり、共産主義の影響を受けた教育が行われていたといわれている。大連日僑学校の校舎は、旧大連春日小学校、旧大正小学校の校舎を借用し、郊外の甘井子分校と合わせて三ヵ所設置された。開校期間は、一九四七年二月から一九五三年十一月までである。

大連日僑学校には小学部と中学部が設置されていた。大連日僑学校同窓会文集『文集　大連日僑学校』によれば、開校当初の学生数は、小学部二五九名、中学部二一〇名であった。[40] ただしこの数字は必ずしも正確なものではないという。なぜならば、日僑学校の児童生徒の増減は激しく、引揚げが順次行われているさなかであることから、「昨日入学して、今日退学」という児童生徒もいたからだ。

大連日僑学校の二人の教師――清岡卓行と劉徳有

大連日僑学校に通う児童生徒は、満鉄をはじめとする技術者らの子弟であったが、教師たちの経歴もさまざまであった。『アカシアの大連』で芥川賞を受賞した清岡卓行も大連日僑学校の教員であった。一九四七年四月から一九四八年七月まで、中学二年と三年のクラスの英語・数学を担当していた。清岡卓行は、一九二二年に大連に生まれた。父親が満鉄技師であったため一九四〇年まで大連で生活し、その後五年間東京で過ごして東大仏文科に進学した。一九四五年三月に大連に帰省し、一九四八年まで大連で過ごす。このときに大連日僑学校で勤務し、大連で日本人女性と結婚する。清岡は若いころから詩作を続け、一九四八年に日本に帰国後も会社勤めをする傍ら、創作活動を続ける。五十代のころ最愛の妻を失ったことがきっかけで小説を書きはじめ、一九七〇年に『アカシアの大連』で芥川賞を受賞した。『文集　大連日僑学校』には、清岡が一九九六年十月号の『文芸春秋』に寄稿した、自身の教師体験を綴った「大連日僑学校の思い出」という文章が採録されている。

「大連日僑学校という学校が存在したことを知る日本人はきわめて少ないだろう。それは第二次大戦後の大連に一九四七年二月から一九五三年十一月まで存在した。期間が短かったとはいえ、戦後の外地に開設された日本人学校の第一号ではないかと思う。（中略）私は思いがけなくもこの学校の教師となった。東大一年生の私は大連の実家に帰省して敗戦にぶつかり、おまけに、年老いた両親がそれぞれ技術者を夫とする娘二人の家庭と大連に残留することを望んだので、私は一種の義務感から残留し、なんらかの定職を得なければならなかったのである。私は大連日僑学校に勤務し、さまざまな苦楽や哀歓を知った。このとき私は、敗戦国民として辛酸の外地で、時代の変化にかかわらない真理をめざして明るく教えまた学び続ける学校は、その根底において、真摯に生き抜くことを無言で励ましあう環境であるという、生涯にわたって忘れられない体験をした。[41]」

たまたま大連で終戦を迎え、定職を得るために大連日僑学校の教師になった経緯が述べられているが、「敗戦国民」として戦後の大連で生きることの辛さがあらわれている。

また、大連日僑学校には中国語担当の教員として中国人も勤務していた。そのなかに劉徳有氏がいた。劉氏は、戦後日中関係においてさまざまな業績を残された著名人である。劉氏は、毛沢東や周恩来などの日本語通訳を担当したことでも知られており、中国外文局出版局副局長、中華人民共和国文化部部長補佐、中華人民共和国文化副部長、中日友好二十一世紀委員会中国側委員、北京大学客員教授などを歴任している。一九三一年に大連に生まれた劉氏は、日本人向けの学校である大連霞尋常小学校と、大連中学校を卒業した。劉氏の回想録『時は流れて――日中関係秘史五十年』（二〇〇二年）によれば、「中学校の学生は大多数が日本人で、中国人はほんのわずかだった。当時私は、家では母国語の中国語を使い、学校ではすべて日本語を使っていた」という。[42]大連時代の印象深い思い出として、一九三〇年代以降の展開された抗日活動を指揮する労働者のリーダーの武勇伝を、劉氏の父親から聞くことが楽しみだったことが述べられている。その後一九四九年一月に大連市政府が公募する小学校の先生に応募し、合格したことで、大連日僑学校に配属された。「もう二度と日本語を話すことはない」と思っていた劉氏にとって、その人事は想定外であったが、「大連日僑学校に転勤しなければ、対日外交の仕事につくこともなかっただろう」と回想している。[43]劉氏が大連日僑学校に配属されたのは、日本語能力を買われたからであった。劉氏の回想によれば、大連日僑学校の先生たちは、いずれも若い先生だったという。非常勤の先生もおり、留用者の技術者も教えに来ていたようだ。中学部の数学や物理、化学、ロシア語、英語、音楽、美術、体育などは留用者の非常勤の先生が担当していた。[44]

一九五二年まで大連日僑学校に勤務したのち、北京で開かれる国際会議の日本語通訳として招集されたのを機会に、劉氏は活動の場を北京へと移すことになる。その後、一九五三年に北京で日本語の月刊誌『人民中国』が創刊され、編集部で勤務をはじめた。一九六四年から一九七八年までは『光明日報』の記者として東京に駐在した。「私の場合は例外だった」という劉氏は、文化大革命の時期を日本で生活していたことになる。当時のことを以下のように書き記している。

「一九六六年に文化大革命がはじまってから、中国国内の情勢にピタリと合わせ「毛主席に忠実」であるように、われわれは日本人民が毛沢東思想を「活学活用」[45]することと、日本青年の間に日増しに強まってきた学生運動を一生懸命に報道した。このような「極左」の思想に影響され、われわれは日本の経済発展と技術の進歩を報道する勇気がなかった。先進的な工業技術を目にしても、それをニュースに書くことはなく、西洋を崇拝して外国に媚びているとのレッテルが貼られることを恐れていた。[46]」

劉氏は文化大革命の時期を日本で過ごしたが、それでも文革の脅威を強く感じていたことがわかる。この劉氏の回想録は上下巻の大著であるが、その紙幅の大半を占めるのは、日中国交正常化交渉や改革開放以降の日中外交の舞台裏についてであるのに対し、大連時代や文革期の記述は少ない。したがって、大連霞尋常小学校や大連中学校の中国人同窓生、大連日僑学校で同僚だったほかの中国人教師が、文革期にどのような境遇にあったかなどは書かれていない。「私の場合は例外だった」という劉氏の境遇は、おそらくほかの中国人同窓生や同僚と異なっていたことだろう。その後も劉氏は日中外交のなかで活躍していくが、そのきっかけとなったのが大連日僑学校での勤務経験であった。

中華人民共和国の建国と漢奸

国共内戦と漢奸問題

終戦によって大連の日本人は、ソ連兵の脅威を感じつつも引揚げの準備に追われ、また中国に残留することで新たな苦労を経験していた。では、中国人学生たちはどのような境遇に置かれていたのだろうか。

終戦後の中国各地では、戦勝ムードに沸き返りつつも、日本に協力したいわゆる「対日協力者」をどのように処理するかという問題が発生していた。こうした状況は、中国だけでなく他国でも見られるものであり、戦後社会の再編において重要な課題であったという。近代中国史研究者の古厩忠夫によれば、フランスの場合、レジスタンス派対ド・ゴール派のヘゲモニー争いが展開されるなかで、ド・ゴールはあからさまな協力者をのぞいて多くの対独協力者を取り込み、対敵協力者とその機構を利用することによって主導権を確保したという。その結果、専門家、実業家、官僚は殆ど無傷のままで、ヴィシー政権の外交官の三分の二、知事の半数がそのままド・ゴールの第四共和政に仕え続けた。また、韓国も事情は同様で、社会主義者の実権掌握を危惧する李承晩など反共派、そして進軍してきた米軍は、切迫した状況のなかで、日本支配下の権力機構をほぼ新しい権力機構に取り込むことによって社会主義者たちを押さえ込んだという（古厩・二〇〇一：三九九-四〇〇）。

このように敵対協力者の処断という問題は、占領支配のありかたによるとともに、戦後の権力再編・社会再編と密接に関わっているといえよう。古厩の指摘するように、戦後社会の再編成と密接にかかわる対敵協力者の処理問題は、中国の場合、国民党と共産党による国共内戦において処理された。中国において、対敵協力者のなかでもとくに、積極的に対敵協力を進めた人びとは「漢奸」と呼ばれた。「民族裏切り者」「親日派」を意味する漢奸は、政治家、文化人、地域有力者などが多かった。逮捕された漢奸は数万人にのぼり、裁判にかけられて処刑された人も少なくない(47)。一九四五年から一九四九年にかけて、中国全土で漢奸裁判や反漢奸闘争が実施された。

これまでの漢奸研究によると、積極的な対日協力者以外にも、間接的、消極的、また強制的に対日協力を強いられた人も数多くいたという(48)。たとえば、日本人の家を建てた大工が十二年の刑を言い渡されたり、反共産主義者が刑を免れたりなど、その事例は多岐にわたる。誰が漢奸で、誰をいかに裁くか、あるいは裁かないかという問題は、戦後中国社会に残された大きな問題であるとともに、国共内戦や米ソ冷戦構造などと密接に関わる極めて複雑な問題であった。

国民党と漢奸問題

「誰が漢奸か」という漢奸の範囲や定義は、政権政党の国民党においても、中国共産党においてもあいまいであった。国民党は明白な漢奸は処断するものの、都市においても農村においても、日本統治時代に由来する地域権力基盤を温存してそのまま利用しようとしたのに対し、共産党は、国民党に対して対日協力者を厳しく処分することを要求し、国民党の権力基盤を掘り崩そうとした（古厩・二〇〇一：三四三、和田・二〇〇三：七八）。そのなかで国民党は、一九四五年十一月二十三日に「処理漢奸案件条例」を公布し、その第二条、第三条で漢奸の範囲について言及した。

第二条

敵国に通じ以下の行為の一がある者を漢奸と為し、死刑或いは無期徒刑に処す。

第一項　本国への反抗を企図した者。
第二項　治安を攪乱した者
第三項　軍隊或いはその他軍用に工夫を募集した者。
第四項　軍用品を供給、販売或いは買い付け、運用した者。或いは兵器、弾薬の原料を製造した者。
第五項　穀物、雑穀、その他食料を供給、販売或いは買い付け、運輸した者。
第六項　金銭、資産を供給した者。
第七項　軍事、政治、経済の情報、文書、図画、その他物品を漏洩、伝達、偵察或いは窃取した者。
第八項　案内人或いはその他軍事に関わる職に就いた者。
第九項　金融を攪乱した者。
第十項　交通、通信或いは軍事上の陣地、封鎖を破壊した者。
第十一項　飲料水、食物に毒物を混入した者。
第十二項　軍人、公務員或いは人民を惑わし、敵に寝返らせた者。
第十三項　前項の犯人に惑わされ、それより惑わした者。
第十四項　各項の罪を犯した者の内、罪状が軽くなる者は五年以上の有期徒刑に処す。

第三条
漢奸のなかで抗戦工作への協力、或いは人民に有利な行為を為し、証拠が確実な者はその罪を減する
（『審訊汪偽漢奸筆録』：一四九〇―一四九一）

第三条の、「たとえ漢奸であっても中国人民に有利であれば罪が軽くなる」という内容には、国民党政府の

態度があらわれていた。その後この条例は改訂されるが、漢奸をめぐる定義や範囲の問題は解消されることはない。こうした事情を踏まえて前述の田中は漢奸のパターンを三つに分類している。

A．積極的な対日協力者
B．行政機構や経済機構にあって日本の支配と関わらざるを得なかった人びと
C．日本の支配下で対日協力を強いられ、受動的に生きざるを得なかった人びと、いわゆる「小漢奸」

（田中・二〇〇一：三四四）

このうち、Aは結果として漢奸を免れ得ない人びとであったとし、Cは一般民衆で、日本軍に協力させられた人びとで、共産党も早くから漢奸とは区別して保護すべきことを主張していたという。しかしBに関しては、「彼らは積極的な対日協力者ではなく、地域の行政機構や経済機構を担っていたがゆえに、地域の生産と生活を維持するために日本の支配と関わらざるを得なかった人びとで、都市でも農村でも、地域エリート層の人びとである」と指摘している（田中・二〇〇一：三四四）。地域エリート層をどのように取り込むかは、国民党にとっても共産党にとっても大きな問題であった。前述した劉徳有氏のように日本語が堪能な日本人学校出身の中国人同窓生も、そうした優秀な人材としてみなされていたといえよう。

共産党と漢奸問題

一方、共産党は国民党に対して対日協力者を厳しく処分することを要求したように、漢奸処分に積極的であった。しかしその背景には、国民党勢力の切り崩しや土地問題との関係があったという（田中・一九九六：

一四〇)。漢奸問題に対して毛沢東は次のように述べている。

「日本侵略者が消滅されたのちには、日本侵略者とおもだった民族裏切り者の土地を没収して、土地のない農民と土地の少ない農民に分配するべきである」(『毛沢東選集Ⅲ』:三六〇)。

毛沢東は、漢奸問題と土地問題と重ねて考えていることがわかる。戦前から土地改革を進めてきた共産党にとって、旧日本支配地が自分たちの手に入ることは農民層の支持基盤を固める上でも重要であった。日本統治時代に苦しい生活を強いられてきた農民層にとって、農地が与えられることは生活向上に直結することであった。したがって各地で頻発した反漢奸闘争の批判の矛先は、日本と結びつきの強かった地主や政治家、商工業者に向けられた。とりわけ中国東北地方は、満洲、関東州など広大な旧日本支配地があったため、中国で最もさかんに反漢奸闘争が展開された地域である。近代中国史研究の田中恭子は、中国東方区部における共産党の反漢奸闘争を総括して以下のように述べている。

第一に、戦後の新区[49]では、漢奸は包括的な名称で、農民の過去の苦難の責任を支配層におしつけるのに便利であった。

第二に、中共(中国共産党)は、当時、国家レベルの政治において漢奸を厳罰に処すように要求して、愛国的なイメージを売り込んでいたが、反奸はこれに合致した。

第三に、反奸闘争は、中共自身の報復行為を正当化するのに役立った。当時の中共資料によれば、闘争対象の大多数が戦時中に保甲制度の役職についており、中共側の幹部たちの逮捕、処刑に関わっていたのである。

第四に、ナショナリズムの旗印のもとに行われれば、農村革命は、無党派の人びと、とくに中共が潜在的な支持者とみなしていた都市中産階級にとって、比較的受け入れやすいものになった。

第五に、中共政権の幹部たちも、その大多数は抗日戦争期に愛国の大義のために戦いに参加したものであったため、急進的な大衆運動を認めるためには、ナショナリズムで正当化する必要があった。

（田中・一九九六：一三〇）

このように共産党にとって漢奸問題は、ナショナリズムを喚起して、土地革命を達成し、国民党に勝利するための階級闘争の意味合いが濃かったといえるだろう（田中・一九九六：一三一）。

中国東北地方の漢奸問題

歴史学者の姫田光義は、戦後の中国東北地方における国共内戦と国際情勢についてまとめている。姫田によると、満洲、関東州のあった中国東北地方は、ソ連軍によって解放されたものの、日本統治時代の統治機構の解体とソ連軍の侵攻によって、政治的空白地帯が生じ、新しい支配者をめぐってアメリカとソ連が対立し、国内では国共両党が対立する構図であったという（姫田・二〇〇一）。

もともと中国東北地方は国民党勢力圏であったが、ソ連は共産党側に旧日本軍の武器弾薬を渡し、共産党の東北地方進出を後押しした。さらに大連、旅順地区に上陸予定であった国民党を拒否し、共産党に有利な条件がそろった。中国東北地方はもともと国民党勢力圏であるため、大都市は国民党が勢力を保つものの、大衆工作によって徐々に共産党が勢力を拡大していった。

一九四五年冬から一九四六年末にかけて、大連、旅順地区で反漢奸闘争が展開された。その内容は董志正主編『大連・解放四十年史』（一九八八年）に詳しい。一九四五年冬、大連、旅順の農民は組織を作り、彼らを残酷に搾取し圧迫してきた売国奴や地主に対して闘争を行なった。一九四六年四月六日、中共大連市委員会は「徹底的に大衆を立ち上がらせ」て「大衆の清算運動を展開すること」を提起した。旅順市委員会は、「苦しみを訴え、清算を行い、漢奸に反対する」という決定を出した後、工作隊を組織し、大衆に入って宣伝、動員工作を行なった。金県委員会は大衆の自発的な反漢奸運動の基礎の上に情勢を利用して大衆を指導し、「古い借りを返し、貧困の根を除去し恨みを晴らす」反奸漢清算闘争を展開した。

また、一九四六年四月中旬に東北局は、貧しい者の土地不足の問題を解決するために、日本人や大漢奸の所有地を分配するように命じた（中共東北中央局「関於処理日偽土地的指示」『力耕』：六四）。終戦前には、大連全市の家屋建物は一四二八九ヵ所あり、総面積は五七四万七四〇八平方メートルであった。大連全市の人口の三分の一を占める日本人の住宅は、全家屋の六五・四％を占めており、一方で中国人の住居は全家屋建物の三四・六％を占めるにすぎなかった。しかも日本人の住宅の多くには風光明媚な南山地区や繁華な中心地区にあり、他方で中国人住宅は、寺児溝、香炉礁、西崗子などの中心から離れた場所にあって、居住条件の優劣にはきわめて大きな隔たりがあった。これらの住宅の不均衡的状況を改善するために、一九四六年七月七日に、中共旅大地区委員会は「大連住宅調整運動の展開に関する決定」を作り、全市の住宅に対して前後三回の調整を行なった（董・一九八八：六七―六八）。

また董は、「住民の住宅調整運動は、全市の人民、とりわけ広範な貧困な大衆に対して行なった前古未曾有の実際的な自己解放の教育運動となり、大いに大衆の政治的な自覚と主人公意識を向上させることとなった」と述べており、共産党による大連、旅順地区の統治が、土地問題を通して成功したと指摘している。このように戦後中国社会における漢奸問題は、国共内戦による覇権争いと大衆工作のなかで展開していたことがわかる。

ある旅順工科大学出身の中国人学生の戦後

大連、旅順地区で反漢奸闘争が激化するなかで、日本人学校出身の中国人学生がその影響を危惧していたことは想像に難くない。では中国人同窓生はどのように対応したのだろうか。ここでは、旅順工科大学出身の中国人学生K氏に注目する。大連出身のK氏という人物は、大連市内の日本人向けの小学校と中学校を卒業後、旅順工科大学に進学したが、終戦後に中国共産党からの追及を逃れるために台湾に逃走した異色の経歴を持つ。その逃避行は、大連を脱出して、瀋陽、丹東、錦州、北京、天津を経て台湾に至る過酷な行程であった。その後K氏は、一度も大連を再訪していない。

K氏は二〇〇三年に他界されているため、直接インタビューすることはできなかったが、K氏のオーラルヒストリーを記録した『三つの祖国を持つある中国人――旅順工大生の手記』（かんぽう、二〇〇一年）が刊行されている。この本を執筆したのは、旅順工科大学出身の松尾謙吉氏である。松尾氏は、K氏に長時間のインタビューを実施して、この本を刊行した。筆者がK氏のことを知ったのは、旅順工科大学同窓会を通してこの松尾氏と出会ったことがきっかけである。松尾氏とK氏は、旅順工科大学の同級生であり、当時から親交が深かった。したがってこの本は、その信頼関係のもとに編まれた貴重な証言録である。

なお、K氏の事例は特殊であり、中国人学生の経験を一般化できるものではないことをあらかじめ断っておきたい。K氏のように大連から離れた学生もいれば、そのまま大連や旅順にとどまって生活していた学生

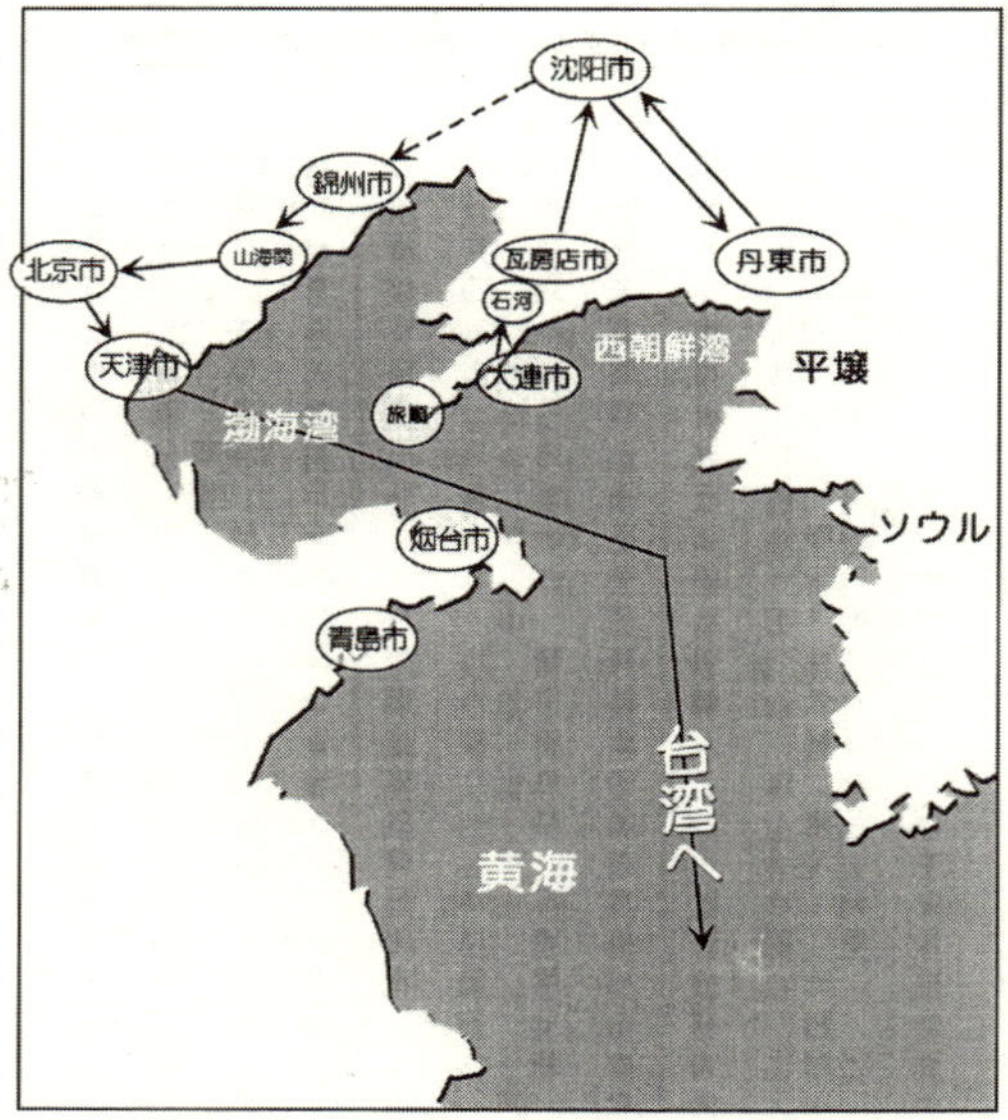

Ｋ氏の逃走経路（『三つの祖国を持つある中国人旅順工大生の手記』（2001 年）より引用）

もいた。資料の残存状況からもすべての中国人学生の戦後の動向を追うことは不可能であるため、ここでは全体像を把握することよりも、厚い記述が残されているＫ氏の個人史に注目することにしたい。

大連脱出

上の図は、Ｋ氏が一九四七年に大連を脱出してから一九四九年に台湾にたどり着くまでの移動経路を示すものである。Ｋ氏は一九二二年に中国遼寧省大連市に生まれる。Ｋ氏の父親は、有名な汽船会社に勤務するサラリーマンであった。Ｋ氏は裕福な家庭に生まれ、大連市内にあった実家は、中国の伝統的な建築様式の四合院が二棟建てられており、敷地の北側には山、南側に川がながれ、中央を東西に貫く道の両側には、トウモロコシ、コーリャン、粟、蕎麦の畑、野菜の畑があり、りんご、苺、さくらんぼ、杏、桃、梨、葡萄の果樹が実っていた。

Ｋ氏は男四人、女一人の五人兄弟のうち三男だった。小さいころから頭の良い子供で、当時の富裕層の中国人がそうしたように、日本人の学校に通うようになる。最初は中国人が通う西崗子公学堂に通っていが、五年生のときに近所の日本人学校である聖徳小学校に編入した。その後、妹も弟も聖徳小学校に入学した。長兄は、東京麻布獣医専門学校を卒業後、奉天農業大学に勤め、父の会社である大連政記公司ハルビン支店長を務めた。終戦後は大連衛生局長、広東獣医処長、貴州獣医処長を歴任している。妹は聖徳小学校を卒業後、大連の昭和高等女学校に入学したように、K氏一家はみな日本人学校出身である。

大連中学を卒業したK氏は、一九三九年に旅順工科大学予備科に入学した。予備科は予科に入る前に入学する機関で、中国人学生はすべてここで一年間日本語を学習した。一年後に予科に進学すると、興亜寮に入寮して日本人学生との共同生活がはじまった。三年間の就学を終え、一九四三年に本科に進学した。

終戦後K氏は繰り上げ卒業となり、大連臨時中学の数学教師となった。大連臨時中学の教師時代の一九四七年に、K氏は他の教員、生徒とともに大連市政府の前でデモをしたことがあった。「食糧が不足して市民が困っている。市政府は食糧の確保を実行せよ」というものだった。一九四七年当時の大連地区はソ連軍政下にあったが、大連より北の町には国民党軍が駐留していた。そのため遼東半島の先端にある大連は、鉄道、道路ともに北方と分断されており、農地が少ないこともあって食糧が不足しがちだった。K氏たちのデモにはそうした背景があった。

デモは大連市政府の警備隊が出動する騒ぎとなって、五名の教師が逮捕された。K氏はその場から逃げ去って他の場所で避難していたが、K氏の家族が出頭を命じられた。そこで家族が告げられたことは、「K氏は反共行動が多い。大地主の出身で日本人学校を卒業し、資産階級の思想が抜けていない。」というものであった。この内容を伝え聞いたK氏は、もし共産党に逮捕されたら殺されるおそれがあると考え、親にも兄弟にも友人にも告げずに、大連から脱出することを決断した。

K氏が大連から脱出したことがわかったあと、K氏の親兄弟はたいへんな目にあったという。K氏は親兄弟や親せきに一生かかっても償えない不義理をしてしまったと生涯悔んでいた。最初に大変な目にあったのが母親だった。毎日のように数キロ先の訊問所に何度も呼び出され、「K氏はどこに行ったか白状せよ」と数時間程度訊問された。母親は一切返事をせず、黙秘を貫いたという。体調の不安があった母親は拷問を受けることなく釈放されたが、他の親族には拷問を受けたものもいた。父親はすでに死んでいたが、もし生きていたら苦しい目にあっていたことだろう。

大連駅からソ連支配の北限の町である石河まで毎日一～二便の汽車がでていた。切符はソ連の軍票で買うことができた。K氏は知人の林檎園に行き、働いていた苦力から丈の長い綿袍という古い服をもらって、帯は草のつるで結び、汚い労農者の恰好をして、偽の通行証をもって大連駅から出発した。

瀋陽へ

汽車は夜中に石河に到着し、駅近くの民家で部屋を貸してもらう。同じ部屋にはもう一人の若者が泊まっていた。その男は大連第一中学校の一学年下の知り合いだった。お互い知り合いということで、一緒に境界線を越えようということになった。

夜中三時頃、小雨が降る中ソ連軍の警戒網をくぐって脱出を試みた。トウモロコシ畑のなかにある境界線には東西百mおきに警備小屋が置かれ、ソ連兵が二、三名配置されていた。二人は匍匐前進で進んでいたが、他にも脱出を試みているものがいるようで、自動小銃の発砲音が聞こえている。必死で前進を続け、次第に監視小屋が遠ざかり見えなくなったところで立ち上がって歩きはじめた。あちらこちらに同じ運命を歩む人びとがいる。ここでつかまったら共産党に引き渡され、その後の運命はどうなるかわからない。

誰とも口をきかずに歩いていると、突然銃声が響いた。立ちはだかったのは共産党軍の兵士たちであった。この兵士たちは林彪指揮下の東北民主聯軍で、後に新四軍とよばれ、大陸解放にも尽力した精鋭部隊であった。K氏が進んできた一帯は無政府地帯であり、進軍していた共産党軍が占拠していた。検問所が設けられ、訊問をうける者は一列に並ばされ、一人ひとり取り調べを受けた。K氏は「お前は何のために国民党地区に行くのだ」と聞かれ、「大連は食糧がなくなり、このままでは餓死してしまいます」と答えた。前もっていろいろと回答を準備していたのである。すると、「お前は何をしているのだ」と聞かれK氏は、「私は林檎園の苦力でした」と答えると、「手を見せろ」といわれる。両手を見て「嘘を言うな。お前の手は農夫の手ではない」と返され、窮してしまう。すかさずK氏は「林檎園の木は皆切り倒され、仕事がなくなってから二年もたつのでこんな手になりました」と答えた。「なぜ林檎の木を切ったのか」K氏は、「林檎は今まで資本家、金持ちの食べるもので、工農階級はそんなものより林檎を切った後に全部、コーリャン、トウモロコシを植えるようになり、結局仕事がなくなって二年で遊んで暮らしました」ととっさに答えた。すると「そうか、お前は国民党ではないんだな」と言われ、通過を許されたのであった。「国民党地区は食糧があるから行くのです。私は農民だから食糧さえあればいいので、政治のことは全く関係ないことです」と続けたK氏は、内心ほっとした。この無政府地帯には他にも五、六ヵ所の訊問所があり、その都度訊問を受け、なんとか通過していくことができた。

瀋陽から丹東へ

無政府地帯を過ぎると国民党勢力圏の町の普蘭店に到着した。普蘭店に入ると大連臨時中学の教え子に何人も出会った。生徒たちは「先生も脱出してきましたか。ご無事でよかった」と抱き合って喜んだ。この生徒たちも同じルートで大連を脱出してきたのである。普蘭店に入ると食べ物も売っていたし、大連とは別世界のようだった。普蘭店にはキリスト教会を営む遠い親戚がいたので頼ることにした。親戚家族は母と娘の三人で、K氏を温かく迎えてくれた。この三人の娘は戦前大連のK氏の家に滞在しており、娘二人には、週に二回ほどK氏が数学の家庭教師をしていた。三人の娘の叔父は共産党に連行され、厳しい取り調べを受けたという。

親戚に世話になったのち、K氏は瀋陽に移動した。普蘭店からは七時間の距離であった。瀋陽には旅順工科大学の中国人の先輩や同窓生がたくさんいたが、うまく連絡がつかなかったので、いったん瀋陽にある母親の実家を訪ねて、貿易会社を営む親せきのところに置いてもらうことになった。貿易会社を営むのは母親の妹の息子は三人兄弟で、長兄は天津で貿易会社社長、次兄は旅順で農業を営んでいた。

しばらく滞在しているうちに、同窓生と連絡が取れるようになる。幾人かの同窓生と再会したが、そのうち国民党中央政府経済部資源委員会の東北生管理局に勤務する先輩から、T氏を訪ねてみるといいという案内をもらった。このT氏という人物は、旅順工科大学予科在学中にサッカー部の部長をしており、現在は国民党中央政府が接収した丹東の東北生産管理局の分局で働いていて、人手不足に悩んでいるという。丹東にいってみてはどうか?と進められたK氏は、T氏のいる丹東に行くことにした。旅順工大の同窓生から旅費や当面の滞在費を工面してもらって、K氏は丹東に到着した。

丹東脱出

一九四七年に大連を脱出してからおよそ半年の間に普蘭店、瀋陽と転々として丹東に到着したK氏は、さっそく東北生産管理局を訪ね、T先輩と再会した。T先輩はたいへん驚いていたが、大歓迎でしばらく自宅に泊めてくれた。K氏の仕事を斡旋してくれた。T先輩は、大連一中から旅順工科大学予科、旅順工科大学に進学し、戦後は東北生産管理局の工務部長を務めていた。T先輩はさっそくK氏を分局の機械工場の責任者に任命し、K氏は仕事をはじめることになる。

K氏の仕事場である工場は、丹東の南に流れる鴨緑江を下った六条溝という町にあった。この工場はもともと日本人が経営していた小型機械工場で、鋳物や機械加工をやっていた。この土地の鋳物は昔から有名なようで、中華鍋などを製造していて生産が間に合わないこともあったという。工場で働きながらK氏の生活はいったん落ち着いた。

丹東での生活が安定し、中華鍋の製造に忙しくしていたころ、T先輩から連絡がはいり、「今すぐ丹東を離れなさい。共産党軍が丹東に入ってきます。最後の瀋陽行きの汽車に乗れるように丹東駅に向かいなさい」と伝えられた。ただちに丹東駅に向かうと、市内はすでに大混乱だった。行きかう人びとの表情は無言で厳しく、人の波は駅に向かっていた。K氏もとにかく駅に向かいホームにおりたが、停車している列車の客車のみならず貨物車にまで人があふれかえり、人びとは列車にぶら下がっていた。T先輩や同窓生とはホームで落ち合うことになっていたが、大勢の人であふれかえっていたものの、なんとか合流することができ、列車に乗り込んだ。翌日から再び瀋陽での生活がはじまった。

日本時代に都市ガス工場だった場所が瀋陽煤気工場となっていて、そこには旅順工大の同窓生が多数勤めていた。中国人の先輩S氏（一九二九年卒）が工場長を務めており、また日本人の先輩O氏（一九一六年卒）は、戦後も中国にとどまって企画室の技術顧問を続けていた。さらに前満洲石炭液化研究所の所長を務めていた方も顧問として勤務していた。K氏は、S氏とO氏の両先輩とともに働くことになった。

瀋陽は東北における首都であり国民党の地盤であったが、すでにいつ共産党が入ってくるかわからない状況で、国民党への信頼はなくなっていた。だが、共産党が入ってきたら悲惨な目に会うことは想像できても、瀋陽から先の脱出経路は鉄道が破壊されていて瀋陽は孤立状態にあり、これ以上の逃走を諦めざるを得なかった。

半ばあきらめかけていたK氏だったが、ある日大連臨時中学の教え子二人と出会った。この教え子は、大連から脱出後に幸運にも国民党軍の空軍に入り、今は第一軍区指令部の下士官であった。国民党空軍は、瀋陽から錦州までの区間で軍用機を飛ばしており、空軍家族にはその切符が支給されていた。教え子らは、K氏のために切符を手配してくれ、K氏は瀋陽を脱出することが可能となった。

空軍家族を乗せた軍用機C46は瀋陽を飛び立ち、錦州に到着し、そこから北京行きの列車に乗り換えた。北京周辺はまだ国民党勢力圏であったため、こうした移動が可能であった。北京では親戚宅に滞在してその後天津の従兄弟の家に移った。戦前はイギリス租界であった天津には資産家の中国人も多かったが従兄弟もその一人で、英国式の住居に暮らしていた。

天津から台湾へ

天津での生活がはじまったK氏は、ある日、旧日本租界を歩いていると、またしても大連臨時中学時代の教え子に声をかけられ久しぶりの再会を果たす。大連出身者がさまざまなルートで、いろいろな町に逃れている当時の状況がうかがえる。このとき再開したH氏は台湾出身で、H氏の両親は台湾からお茶を仕入れて大連で製茶をして包装し、問屋に卸す仕事をしていた。彼の家族は大連で一切の資産を捨てて、小舟で二週間かけて天津に到着し、この日から三日後に出港する台湾行きの定期船を待っているときであった。H氏はK氏に対して台湾に渡ることを勧め、K氏は台湾に行くことを決意する。

H氏が台湾に渡って半月後、K氏のもとに手紙が届き、台北工専の機械科の教師の職があるからすぐに台北に来てくださいという内容だった。旅順工科大学出身なら問題ないということであった。

天津—基隆をむすぶ「美信」という定期船に乗り、K氏は台湾に向かった。基隆までの四日間の航海の途中K氏は、「やっと命の危険がなくなった」という思いでいっぱいだった。早速台北に向かい、H氏の叔父の世話で、台北工専に出向き機械科の主任と面会した。この主任は、九州帝大機械科出身であった。しばらく学校の教員を続けていたが、大連から逃げてきたK氏は学歴証明書を持っておらず、再発行することもできないため、卒業証書を偽造したが、のちにそのことが問題となって学校を辞めることになった。教員を辞めたK氏のその後の生活は、台湾で起こした事業が成功し、ようやく落ち着くことができた。会社をシンガポールに移してからは、シンガポール国籍を取得して、二〇〇三年に死去した。

K氏の移動は、共産党支配下の大連から、国民党勢力圏の都市を次々に渡ってゆくものだった。K氏が移動する先々では、旅順工科大学の中国人同窓生や大連臨時学校時代の教え子らが助けてくれ、台湾に逃れることができた。しかし、その代償は大きく、自分の代わりに大連に残した両親、兄弟が暴行をうけてしまう。友人の中国人同窓生を裏切った贖罪の意識も強く残された。

本章では、終戦直後の大連における日本人の引揚げおよび留用と、中国人社会の再編について概観し、そのなかで中国人学生たちがどのような境遇におかれていたかを述べてきた。中国人学生にとって、中国全土で展開した反漢奸闘争はけっして他人事ではなく、大きな危機感を持っていたことがわかる。そのため多くの中国人同窓生はひっそりと生活し、日本人学校に通ったことを伏せて沈黙したが、一方で、旅順工科大学の中国人同窓生K氏のように、共産党から逃れるために台湾に逃れた者もいた。

また、本章ではK氏のほかに劉徳有氏の戦後も触れたが、この二人はともに大連に生まれ育ち、日本人の学校を卒業し、戦後は大連市政府の教員採用試験を受けて採用され、教員として就職していたように、とてもよく似た経歴を持っていた。しかし、その後の人生は大きく異なっている。「私の場合は例外だった」と劉徳有氏が述懐するように、たとえ同じように日本人学校を卒業していても、たとえば共産党との距離感も含めて、その時その時での選択によって人生が大きく違ってくるほど、終戦直後の中国における中国人学生の立場は不安定なものだったのだろう。ただし、この先の大躍進、文化大革命の時代には、たとえ共産党に入党していたとしても、多くの日本人学校出身の中国人学生は何らかの処分を下され、農村での労働に従事することを強いられることになる。その意味においても、文化大革命期を日本で過ごした劉氏の経歴は極めて例外的だったといえるだろう。

Ⅲ章　日中民間交流と同窓会ネットワーク（一九五〇～一九六〇年代）

本章では、一九五〇年代を中心に展開した日中民間交流のなかで、日本人学校の同窓会が果たした役割と機能について考えていく。第二次世界大戦の日中関係は、政治的に極めて困難な状態から出発した。一九四九年に中華人民共和国が成立してからすぐに、一九五〇年六月に朝鮮戦争がおこり、米中が直接軍事対決をする事態に至り、米国の占領下にある日本にとっての選択の幅はきわめて狭いものとなった。その結果日本は、サンフランシスコ講和条約の順調なる批准のために一九五二年四月日華平和条約によって中華民国と国交を持つことになった。

以後一九七二年に至るまで、日本と中華人民共和国との関係は、国交のない非公式なものとなる。日本は「政経分離」という考え方で、国交のないまま経済的交流は続けるとの方針をとり、中国は政経不可分を唱え、日本に対し国交につながるような措置をとることを求めた。(50)

一九七二年の日中国交回復までの二十二年間、日本側において台湾を除く中国との間にわずかな交流をつないだのは民間の団体であった。代表的なものが、日中貿易促進議員連盟（一九四九年発足）や日中友好協会（一九五〇年設立）などである。一九五二年四月の台湾との日華平和条約締結を、中華人民共和国政府は日本の敵対行為と激しく非難し、貿易と限られた人事往来・文化交流しか認めない方針を取り続けた。そのため、国交のない時代の日中間の経済・貿易関係において、そのほかの文化交流の役割も担うことになる。

このような民間交流は、まず一九五二年春に訪中した帆足計ら三人の国会議員が、北京で第一次貿易協定を締結したことではじまった。一九五三年初めには、中国残留日本人の帰国援助に関する取り決めが日本赤十字社と中国紅十字会との間でなされた。一九五五年四月には日中民間団体によって漁業協定も結ばれた。このような民間の努力によって、いわゆる「積み上げ方式」に基づく日中間の交流はしだいに進展した。その結果、一九五六年三月に日中両国の文化交流を促進する機関として、学者・文化人を集めた日中文化交流協会が結成され、中国京劇団の来日を皮切りに、多様な文化代表団の往来がはじまった[51]。

しかし、一九五八年に転機を迎える。同年後半からはじまった反右派闘争によって中国の対外政策が変化し、日本でも岸信介内閣によって台湾寄りの政策が進められはじめた。日本政府は、第四次貿易協定に定められていた在日中国通商代表部の国旗掲揚の権利を否認して、一九五八年五月の長崎国旗事件をきっかけにすべての貿易契約を破棄し、文化・スポーツの交流も停止した。その後一九六〇年代に入り、日本で台湾との関係を重視した岸信介政権が安保改定の混乱の責任をとって池田勇人政権と交代する。中国でも大躍進の破局の後を受けて穏健な路線が定着すると、日中の非公式な関係は、バーター取引による貿易＝ＬＴ貿易として、なんとか復活することになる。

本章で取り上げる旅順工科大学同窓会による民間交流活動は、ちょうど日中両国の関係が悪化していた一九五〇年代から六〇年代にかけての時期にはじまった。両国は、つながりながらもまた離れてしまうという不安定な関係であったが、だからこそ、同窓生ネットワークという強固な人間関係に基づく人的つながりは有効だったのである。

中国にとっての民間交流

脱植民地化をめざす一九五〇年代の中国は、工業化を中心とした国家建設をはじめた。一九五三年から一九五七年にかけて展開された第一次五ヵ年計画において、重工業分野での生産力、技術力の向上を目指すことになる。このとき中国は、十五年後にはイギリスを追い越し、アメリカに追いつくという目標を掲げていた。

しかし中国をとりまく国際政治の状況はきびしいものであった。米ソ冷戦構造下において、中国は西側諸国との関係性が断絶しており、いわゆる大陸封鎖を経験する。中国が独立国家として発展していくためには、いつまでもソ連との交易だけに頼るわけにいかず、日本や西欧などの西側諸国との交易を促進する必要があった。特に隣国の日本は高い技術力と経験を持ち、新中国にとってその重要性は高かった。終戦以来、日本とは正式な国交は断絶されたままであったが、中国の工業化達成のために日本は必要不可欠なパートナーであり、日本人技術者団の訪中は中国側の強い希望としてあった。このことから、民間の交流をもって政府間の接触を促す「以民促官」政策が進められた(52)。

外国との経済交流を促進する事務局が設立されたのは、一九五二年五月のことである。中華人民共和国国際貿易促進委員会が設立され、初代委員長には南漢宸が就任した。日本との貿易に特化した対日工作組織には、一九五二年の民間貿易協定交渉の際に「対日工作弁公室」が形成され、一九五五年十二月には「対日工作委員会」が設けられた。主任には郭沫若、副主任には廖承志ら日本にゆかりのある人物が着任した。中国側の対日政策は、貿易の拡大、漁業問題の解決、文化・友好交流の強化、中国残留日本人問題と戦犯問題の解決などがあげられていた。一九六二年には対日関係を専門とする組織として中日友好協会が設立された。この組織の名誉会長は郭沫若であり、会長は廖承志が就任した。戦後日本と中国の民間貿易の素地はこうしてできあがった(53)。

戦後の日中関係は民間貿易からはじまったが、その関係は必ずしも対等ではなかった。技術力と工業力に勝る日本は中国から原材料を輸入し、製品を製造して中国に輸出していた。この構造は戦前の帝国主義的関係と類似しており、このことは周恩来が以下の懸念を表明していることからも伺える。以下は、一九五三年九月二十八日、日本平和擁護委員会会長大山郁夫との会談における周恩来の発言である。

「日中両国間の貿易関係、必ず平等互恵の基礎の上に樹立しなければなりません。一部の日本人は「中国が工業化したら、日中貿易は前途がなくなる」と考えていますが、これはまったく正しくないことを指摘しなければなりません。中国が工業化してのみ、過去のあの「工業日本、原料中国」といったような帝国主義と半植民地との経済関係を徹底的に改変して、真正な平等互恵、有無相通の貿易関係を樹立することができるのです。(54)」

この発言に明示されているように、新中国の工業化は植民地経験の延長線上にある。このことは、たとえば当時の中国のインフラの再利用からもわかる。戦前日本が中国に設置した工場が、五〇年代の中国の工業化に再利用されるケースは多く、とくに旅順大連地区では、ロシアと日本による都市建設が四十年にもわたって実施され、流通の交通網として港（大連港）と鉄道（南満洲鉄道）が設立され、発達してきた。このように、戦前、戦中の旅順大連地区は、大陸と海外の結節点となる国際都市として発展してきた歴史を有している。そのため、一九五〇年代の段階において、旅順大連地区は、すでに造船、鉄工、製油などの重工業が発展していた。このように、新中国の工業化には植民地時代の「遺産」が積極的に再利用され、植民地時代の都市計画がそのまま引き継がれた(55)。

「以民促官」政策を推進した周恩来は、幅広い人的ネットワークの活用も促した(56)。その背景には、新中国の工業化に戦前日本が設置したインフラが引き継がれる一方で、それらを活用する技術者の不足があった。日本統治下では、設計技師が日本人、労働者が中国人という構造であったため、日本人の引揚げにともなって生産力と技術力が低下した。戦後中国に留用された日本人のうち、医者や看護師とともに多かったのが技術者であり、工業化を支える技術者不足は顕著であった。[57]

中国政府にとって技術者の養成は重要な課題であった。一九五〇年代に日中間の民間貿易が進められるなかで、人事交流も積極的に行われていた。一九五七年の一年間に両国を訪問した経済団体関係者は、日本を訪問した中国人が約一二〇〇人で、中国を訪問した日本人が約二百人であったという。[58]製鉄、発電、紡績、製油、製塩などさまざまな業種の技術代表団が日本を訪問したが、訪問団のなかには多数の技術調査団や留学生も含まれており、技術者同士の交流が見込まれていた。

このように、専門技術を持った人材が必要とされる状況下にあって、工学の高い専門知識を持つ旅順工科大学出身の中国人は、極めて貴重な人材であった。さらに彼らは、工学の高い専門知識に加えて、日本人同窓生との人脈も持っていた。多くの日本人同窓生が大手企業に就職していることもあり、この同窓会ネットワークは新中国の工業化において重要な「資源」であった。

だが同時に、日本の学校で学んだ彼らは「対日協力者」として疎外される恐れのある存在でもあった。対日協力容疑によっていつ迫害されてもおかしくない危険性と常に隣りあわせだった。それでも中国人同窓生たちは、旅順工科大学で学んだ工学の知識や技術、日本人同窓生との人間関係という植民地期に得た経験・人脈を活かすことになる。それは中国国家が求める人材として自らをプロデュースし、生存領域を獲得・維持していく生存戦略でもあった。

二人の旅順工科大学出身者

旅順工科大学出身者の多くは、戦前の大連社会でもすでに活躍していた。一九四〇年代初頭大連の日本人個人経営者の一覧が採録されている『大衆人事録』などの人事録には、福昌公司の相生由太郎のような戦前大連の日本人社会で活躍した人物が記録されているが、そのなかには旅順工科大学出身者も多数採録されている(59)。

とりわけ、旅順工科大学出身の相田秀方氏は、一九四三年における大連の商工会議所常議員二十二名のなかに選出されており、当時の大連日本人社会のなかでも有力人物であった。後述するように、戦前期の大連社会と旅順工科大学出身者とのつながりは、この相田氏を結節点としている。さらにそのつながりは、日本人同窓生に終始するものではなく、中国人同窓生にも大きく影響しており、相田氏は日中同窓生をつなぐ重要なキーマンであった。

北京の国家技術委員会の前に立つ張有萱氏（左）と相田秀方氏（右）。1957 年。（『興亜』第 29 号より抜粋）

日本人同窓生・相田秀方氏

『第十四版　大衆人事録』には相田氏の略歴が記されている。それによると相田氏は、一八九七年長野県上田市に生まれ、一九二一年に旅順工科大学の前身である旅順工科学堂機械工学科を卒業する。一九二一年十二月に南満洲鉄道株式会社に入社し、一九三七年に株式会社大連機械製作所(60)に転職して販売主任となり、一九四二年十一月本社支配人、一九四三年には常務取締役兼営業部長となる。一九四四年に社長となり、終戦を迎えた。

旅順工科大学の同窓会誌『興亜』によると、相田氏は戦前から旅順工科大学の同窓会である「興亜技術同志会」の幹事長を務めており、同窓生の間では兄貴分的存在であった。一九四三年当時、大連機械製作所は邦人二千七百人、中国人九千人の従業員を抱える大連有数の企業であった。同社は満鉄と密接な関係にあり、おもに鉄道車両を製造した。相田氏の人脈によって、同社には旅順工科大学出身の日本人・中国人技術者が多数就職した。

一九四七年に引揚げた相田氏は、東京新橋で大連機械製作所の営業を再開する。同社は、終戦後しばらくは同窓生たちの引揚げ連絡場所として機能し、ほどなく同窓会事務所も兼ねることになった。旅順工科大学の同窓会ネットワークは、戦後引揚げてきた同窓生たちのつながりにも活用され、引揚げ後に就職した同窓生の企業間ネットワークに継承されていく。相田氏は一九七六年に亡くなるまで、日中の同窓生をつなぐキーマンであり、戦後も日本と中国を企業活動によってつなごうとしてきた。

中国人同窓生・張有萱氏

一方で、戦前大連で相田氏との関わりのあった同窓生には中国人も多く含まれていた。そのなかでも張有萱氏は、戦後中国の国家官僚になる人物であり、旅順工科大学の中国人同窓生のなかでもっとも影響力のある人物のひとりであった。

一九一一年に旅順に生まれた張有萱氏は、日本が設立した中国人向けの旅順第二中学校を卒業し、一九三一年旅順工科大学予科に進学した。予科から旅順工科大学機械科に進学した張氏は、一九三七年に卒業したのち八路軍に参加し、一二九師団の司令部参謀、冀南軍区政治部敵軍工作部部長を務めた。なお、八路軍では対日工作として八路軍兵士への日本語教育を行なっていたが、張氏はその工作活動の中心人物として活動していた。ちなみに、張氏が属した一二九師団で政治委員を務めていたのは鄧小平であった。

その後大連に戻り、大连市政府工商局局长、旅大行政公署工業庁長を歴任した。一九五〇年代からは、中央政府の工業部門の責任者として、おもに重工業、船舶分野を管轄する役職に転ずる。一九五二年からは国家第六機械工業部常務副部長、国家科委副主任などを務めた。その後、文化大革命の時代には下放を経験するが、改革開放以後はふたたびその技術力とネットワークを活かして中国の工業化に貢献した。張氏は、二〇〇一年に亡くなるまで、日本人同窓会が訪中する際の仲介役も務めていた。享年九十歳であった。なお、張氏は八路軍在籍中では「張茂林」という名前で活動していたが、現在旅順には、張氏の功績を称えて「茂林街」という通り名や、「茂林橋」という名前の橋が存在する。また、「張有萱記念館」も設立され、郷土の英雄として認知されている。(61)

旅順工科大学の同窓会活動

旅順工科大学の同窓会は、「霊陽会」と「興亜技術同志会」などがあったが、一九四二年に「興亜技術同志会」に統合されていた。相田氏はその興亜技術同志会の幹事長を戦前から務めていたが、戦後も任期を継続していた。終戦直後の興亜技術同志会は、同窓生の引揚げ連絡所や再就職のあっせん機関としても機能していたため、同窓会誌の刊行には積極的であった。

まず彼らが着手したのは、同窓会名簿の作成である。一九四七年には第一回同窓会名簿が作成され、関係者に配布された。おもな目的は同窓生の安否確認である。翌一九四八年には第一回同窓会総会が新橋の大連機械製作所事務所で開催された。同年には同窓会名簿が増補される。このころから同窓会誌『同志会会報』が発行され、年に二回のペースで刊行されている。一九五五年からは同窓会誌名を『興亜』に変更するが、戦前の興亜技術同志会が刊行していた同窓会誌も『興亜』の名称だったため、戦前の名称に戻ったといえる。

以後一九六五年まで『興亜』の名称で同窓会誌は刊行されるが、その名称をめぐる議論が同窓会内部から起きるようになり、一九六五年からは『旅順』に変更された。この同窓会誌の改名論争については後述するが、このときに同窓会名も「興亜技術同志会」から「旅順工科大学同窓会」に変更された。『旅順』は一九六五年から二〇一〇年まで発行され、第一三六号をもって終刊した。二〇一〇年五月には、旅順工科学堂から数えて「開学百周年」を記念した同窓会が開催され、東京・明治記念館で開かれた式典には国内外から二百名を超える同窓生およびその関係者が参列した。

旅順工科大学の卒業生の多くは、それぞれの専門分野を活かして、鉄鋼、自動車、メーカー、大学など日本の大手企業や研究機関に就職しているケースが多い。そのため、専門家集団としての人材の強みを活かすべく、相田氏はたびたび同窓会誌のなかで「旅順工科大学の人脈を中国の発展に役立てたい」と語っている。こうした発想は、戦前中国でビジネスを営んでいた経営者に共通するものであり、日中友好協会や日本国際貿易促進協会に参画する人びとにも共有されるものであった。そのため相田氏は、日中友好協会や日本国際貿易促進協会のメンバーと連携をとり、相田氏自身の専門である機械工業系の企業とは密接な関係であったが、とりわけつながりが深かったのが自動車業界であった。

相田秀方氏と張有萱氏の往復書簡

相田氏は、旅順工科大学の同窓会を民間交流のなかで役立てるために、実際に訪中して中国首脳と会談することを画策していた。そのためには中国側の人脈を頼ることになるが、そこで活かされるのが旅順工科大学の中国人同窓生とのネットワークである。相田氏にとって張有萱氏は、極めて重要な人物であった。一九五六年一月十五日、相田氏は張氏に書簡を送った。書簡の内容は同窓会誌『興亜』に採録されており、以下はその一部である。なお、張氏から相田氏への書簡は、『興亜』採録時に関係者によって翻訳されており、ここでは翻訳された書簡を引用している。

「兄へ。敗戦すでに十年たった今日、まだ中日両国の交流ができていないことは、中日両国のためにかつての戦争以上に大きな不幸だと思います。

アジア民族の興隆を図るために沢山の問題がありますが、その根幹をなすものは中日両国の理解ある提携にあり、それを率直に語り合えるのはわれわれ旅順同学の同志だと確信しています。私は貴兄の御尽力によってその機会を得られることを心から熱望するものです。

興亜技術同志会の幹事長を今日、自分の生活に苦しみながらやっていることも、前に書いたように旅順同学の同志の結合によって、中日両国関係の回復に役立せねばならないと確信しているからです。

張兄よ、私も敗戦から十年、生活に追われて苦労を続け馬齢六十に達しようとしていますが、まだ若さと熱意を失っておりません。中国の同志諸兄と率直に語りうる時まで努力を続けたいと決心しています。張兄のご健康を祈り、この私の提案を理解し、ご協力くださることを心から祈願します。」[62]

（傍線筆者）

相田氏は「同学の結合によって、中国両国関係の回復に役立たせねばならない」と考えており、「旅順同学の同志」の張有萱氏の力をもって会談する「機会を得る」ことを希望していた。その姿勢は、まさに自分たち旅順同学の日本人と中国人こそが、両国関係の回復に役立つという思いがにじみ出ており、さらには旅順工科大学同窓生という属性を強調していることから、二人の「同窓生」としての意識・関係を喚起させる文面であることがうかがえる。

これに対して張氏は、慎重な姿勢を取りながらも共感し、およそ一年後の一九五六年十二月十七日に返信する。

「相田先生

あなたが今年の一月十五日に出されたお手紙を、私は大変興味深く拝見いたしました。以前私は中国に在留する日本人、および旅順で同窓の日本人たちと会合する機会を作り、かれらの仕事や生活面で便宜をはかるべく努力いたしましたが、不十分な点もあったことと、ご諒承お願い申し上げる次第です。（中略）私は両国人民の兄弟関係や旅順工科大学同窓の関係について、あなたと率直な意見の交換を行うような機会が持てればと、非常に祈願いたしております。私は先生の一途な中日両国関係の正常化に対するご苦心に対し、非常に興味深く、同時に敬服いたしまいた。

（中略）あなたがご存じのごとく、中国人民はかつて殖民地としてうまい汁を吸われたことがあるので、被圧迫民族を完全に理解し、民族独立と和平共存を要求する心情は切なるものがあります。

中日両国旅順同窓の方々や、技術畑の方々が進んで率直に会談するように提唱されたあなたのご意見に対して、非常に理解もし、支持もするのであります。

あなたもご存じのごとく、日本人民の来訪に対しては、中国の門戸は広く開放されておりますので、私は先生がわが国を訪問されるような機会ができれば、たいへん歓迎申し上げます。」[63]（傍線筆者）

相田氏と同様に「旅順工科大学同窓」という関係性が重視されていることがわかる。両者の関係は、旅順工科大学の同窓生同士だからこそ可能であった。そこには相田氏と同様に、張氏も信頼を寄せていることがうかがえる。また、「中国に在留する日本人、および旅順で同窓の日本人たちと会合する機会を作り、かれらの仕事や生活面で便宜をはかった」ように、旅順工科大学の日本人同窓生に対する同朋意識が強いことがうかがえる。その上で、「あなたと率直な意見の交換を行うような機会が持てれば」、「率直に会談するように提唱されたあなたのご意見に対して、非常に理解もし、支持もするのであります」という文章があるように、旅順工科大学同窓の会談に対しても「たいへん歓迎」しており、相田氏の訪中を受け入れる態度を表明している。

しかし同時に、張氏は中国人としての立場も強調している。波線部の「中国は殖民地としてうまい汁を吸われた」という言葉や、「被圧迫民族」といったマスターナラティブに即した言葉が使われていることからもわかるように、日本人学校の同窓生ではあるけれども、自身が中国人であることがあらためて強調されている。この慎重な姿勢には、国家官僚としての立場性や当時の中国における検閲の厳しさが考慮されていると考えられる。バランスを保とうとする文体からも、自分は「対日協力者」ではなく、あくまで中国国家の近代化のための「民間交流」に貢献しているという配慮が感じられよう。

ここに張氏に内在する日本と中国をめぐるアンビバレントな想いをみることができる。戦後間もない一九五〇年代の中国において、植民地として「うまい汁を吸われた」被圧迫民族である中国人が、その張本人である日本人に対して同朋意識を持っているという状況は、矛盾した想いといえよう。張氏のこの手紙のやりとりから、張氏に内在する祖国を蹂躙された中国人としての屈辱感と、日本人同窓生との同朋意識や連帯感、さらには、往復書簡の検閲も考慮した慎重さが混在していることがうかがえる。

手紙のやりとりはその後も継続し、その結果、一九五七年五月七日から六月六日までの一ヵ月の予定で相田氏の訪中が決定した。同窓会の人脈を活用して優秀な日本人技術者を訪中させたことは、張氏ならではの功績であったといえるだろう。なお、相田氏は二度訪中しているため、一九五七年五月七日から六月六日の訪中を第一回とし、一九五八年三月十八日から一九五八年五月四日の訪中を第二回とする。

相田氏の第一回訪中

相田氏による第一回、第二回の訪中内容については、一九五七年から一九五八年にかけて刊行された『興亜』の特集記事として度々取り上げられている。それに加えて、第二回訪中に同行した旅順工大同窓生の松尾氏から譲り受けた『相田訪中団日記』と、松尾氏へのインタビュー内容も参照し、二回の訪中内容を再構成する。

一九五七年の第一回の訪中は、相田氏単独での訪問だった。相田氏は出国前に行なった日本国際貿易促進協会との会談のなかで、中国側の団体である中国国際貿易促進委員会と技術交流について折衝する依頼を受けていた。そのため第一回訪中の目的は、張氏との再会と、今後の経済・技術交流に向けての中国側団体との会談の場を設けることであった。

一九五七年五月七日から六月六日の第一回の訪中は、中国国際貿易促進委員会の関係者によるコーディネートにより、香港、広州、漢口、北京、大連、鞍山、撫順、瀋陽などをめぐる行程であった。それぞれの場所で工場や関連施設を見学し、関係者と懇談の場を持った。北京では張氏と再会し、その他の中国人同窓生と旧交を深めた。訪中の成果としては、今後も引き続き交流を深めていくことに対する合意が取れたことがあげられる。

出国前に日本国際貿易促進協会から依頼された、中国側団体との技術交流に向けた折衝も取り付けることができ、近いうちに第二回訪中を実施する合意が得られたことは、最大の成果だったといえる。反省点としては、視察先でも相田氏がすべての質問や疑問に答えられたわけではないため、次回の訪中では、機械工学以外の他の専門家も同行させる必要性が浮上した。

南漢宸との往復書簡

日本に戻った相田氏は、さっそく第二回訪中を実現すべく、張有萱氏との更なる連携と、中国国際貿易促進委員会との関係強化に向けて準備を開始した。第一回訪中の反省として、再訪の際には相田氏自身だけでなく、他の専門家も連れて行きたい旨をしたためて、中国国際貿易促進委員会に手紙を送った。すると一九五七年二月三十一日に、南漢宸と張氏から同時に返信が届いた。最初の手紙が南漢宸からの返信である。以下はその引用である。

「相田秀方先生

貴旅順工科大学の日本同志視察団がわが国を訪問されることに関し、幣会において連絡を取った結果、わが国電気機関技術士学会がご歓迎申し上げることとなりました。これにつき、視察団員各位の使命、履歴、技術の専攻部門等とご来訪の期日を、正式に電気機関技術士会にご通報くださって、該会がご旅行の接待の準備をできるようにしてください。われらは貴会のご来訪を希望しております。これにより

技術方面の相互の理解と友好協力を増進する一助となると信じ、特にこの手紙をお送りする次第です。」(64)

次に張氏からの返信である。

「相田秀方先生

今までにお申し越しのお手紙の趣旨全部承知しました。(中略)貴方が技術者を引率して中国を訪問される件に関しては、中国国際貿易促進会に正式に連絡し督促してありますから、遠からず承認されることと存じます。私は貴方が率いる技術者がまず中国を訪問されることを熱烈に希望しておりますし、また貴方方のご訪問が中日技術交流と協力に大きな貢献をするであろうことを確信しております。」(65)

こうして相田氏は、複数の専門家を率いて中国を再訪することが可能になったが、その背景では、張氏による中国国際貿易促進会および中国共産党への根回しが功を奏したことが推察される。

相田氏の第二回訪中

相田氏の第二回訪中は、一九五八年三月十八日から一九五八年五月三日の日程で実施された。先述のとおり、第一回訪中での反省を踏まえ、旅順工科大学の日本人同窓生のなかから選りすぐりの技術者を集めて精鋭部隊を形成し、相田訪中団を発足させた。松尾氏の『相田訪中団日記』および同窓会誌『興亜』によれば、相田訪中団のメンバーはそれぞれ、機械(大連機械製作所)、電気、通信(いずれも富士通)、鋼管(日立製

相田氏（左）と劉少奇（1958 年 5 月 1 日、天安門にて）

作所）、鍛造（住友金属）、自動車分野（後藤鍛工）の専門技術者であり、いずれも旅順工科大学の出身者で編成されていた。カッコ内の企業名は、メンバーの勤務する企業である。中国側の受け入れは、中国国際貿易促進委員会、電気機関技術士学会であり、仲介役は、中国科学技術委員会副主任に昇格していた張有萱氏が担った。訪中団一行は四月三十日に帰国したが、相田氏だけは五月一日のメーデーに北京で開かれる会談に周恩来、劉少奇らから招待を受けていたため五月三日に帰国した。

また相田氏の訪中は、同窓会内部だけでなく日本国際貿易促進協会にとっても重要な機会であった。日本国際貿易促進協会の機関誌『国際貿易』には、「一九五八年三月十八日、中国国際貿易促進委員会および中国電機工程学会の招請で、興亜技術同志会の相田氏（本協会委員）一行六名が中国に向かった。これは、重電、弱電等の技術交流が目的である。」（『国際貿易』第一三四号、一九五八年四月十五日）と記され、期待の大きさがうかがえる。

技術交流と民間貿易

一九五八年三月十八日に羽田空港から香港、広州に渡り、北京、大連、旅順、鞍山、瀋陽、長春、ハルビン、上海にかけての約四十日の視察行程であった。北京機器製造学校、石景山鋼鉄廠、官庁水庫（ロックフィルダム）、旧大連機械製作所の施設や人材を活用した大連軌車車両廠および大遮機床廠、長春汽車

相田訪中団行程表

出発	1958年　3月18日
団員帰国	4月30日
団長帰国	5月3日

メンバー

団長	相田秀方	（大正10年卒）	
団員	熊谷一郎	（大正13年卒）	マスターバッチ
	小泉吉郎	（昭和 4年卒）	通信　（富士通）
	津山豊雄	（昭和10年卒）	鋼管　（住友）
	菊池弥十郎	（昭和12年卒）	重電　（日立）
	松尾健吉	（昭和18年卒）	鍛造　（後藤鍛工）

招待者

中国科学技術委員会副主任張有萱（昭和15年）、中国電機工程学会

経路

羽田―瀋陽―香港―広州―北京―大連―鞍山―瀋陽―撫順―長春―
ハルビン―北京―南京―上海―杭州―香港―羽田

到着日	訪問地	訪問箇所
3 月 23 日	北京	北京機器製造学校、景山鋼鉄廠、官庁水庫
3 月 28 日	大連	大連軌車車両廠、大遮機床廠、大連造船廠、起電機器廠、工鉱車両廠、甘井子天川発電廠
4 月 4 日	鞍山	本渓鋼鉄公司
4 月 5 日	瀋陽	自転車工場、瀋陽変圧器廠、第一機床廠、電線廠、風動工具廠工学院、重型機器廠
4 月 9 日	撫順	露天堀　撫順化工廠
4 月 11 日	長春	長春汽車廠
4 月 12 日	ハルビン	火昌炉廠、汽軟機廠、電機廠
4 月 17 日	北京	清華大学
4 月 26 日	上海	機床一廠、大華儀表廠、電機廠、汽軟機廠、鋼鉄一廠、有線電廠、交通大学

相田訪中団の訪問スケジュール　1958 年 3 月 18 日～ 5 月 3 日

1958 年 3 月 30 日、大連・大連賓館前にて。中央が相田氏で左端が松尾氏。（松尾氏所蔵写真）

1958 年 3 月 28 日、北京にて（松尾氏所蔵写真）

1958年4月21日、北京での会談後に握手をする譚偉氏（中央左）と相田氏（中央右）。なお、前列右から3人目の人物は西園寺公一氏。中国政府に幅広い人脈を持つ人物で、日本からの訪中団の窓口になっていた。（松尾氏所蔵写真）

廠、火昌炉廠などを視察した。いずれも中国政府が五ヵ年計画のなかで重視する施設であった。相田氏が引率した訪中団には、各分野の専門家が同行しているため、それぞれの場所でメンバーが講演することもあった。

三月二十八日、北京から大連に出発する午後に、一行は張氏と面会した。相田氏と張氏は一年ぶりの再会だったが、他のメンバーの多くは初見であった。もっとも、メンバーのなかで菊池氏は張氏と同学年であるため、ひさしぶりの再会を喜んだ。この面会のなかで張氏は、相田氏らを歓迎する一方で、ひとつ注文をつけている。

「ひとつ思い出したが、相田先生がこの前日本に帰ってから、同窓会誌に中国人同窓会員と書かれていたが、中国にはそういうものはない。今後誤解されないようにこれはやめてください。中国人同窓会は今中国にはない。誤解を解くために、個人として言っておきたい。相田先生、菊池先生ほか皆、私の同窓で、平和を愛するために相互に訪問したり、技術交流をしたりするが、中国には中国人同窓会はない。[66]」

相田氏らと面会した際に張氏は、「中国人同窓会はない」という発言を繰り返している。これに対して相田氏は「今後間違いのないようにしたい」と返答しており、これ以降、この話題が取り上げられることはないが、この張氏の発言からも慎重な姿勢がうかがえよう。

第二回訪中の目的は、技術交流の実現に向けて、具体的な合意を取り付けることであった。そのため、連日各都市で開催された会談では、日本側と中国側の双方の利害がぶつかり、白熱した議論が展開されていた。とりわけ、四月二十一日に北京で開催された会談では、発電機、電気機関車、自動車の製造がテーマであり、日本の製造技術が中国の農村でも応用できるか否かという具体的な議論が展開し、技術交流を持つことが合意され、具体的な契約内容にまで話は及んだ。

だが、その後の会談で、技術交流から貿易の話に展開したところで中国側が難色を示しはじめる。その背景には、岸政権の対中政策が大きく影響していた。本会談には、日本側の出席者は訪中団と通訳を含めた七名、中国側の出席者は中央政府幹部から譚偉第一機械工業部対外連絡部長をはじめとする六名が出席した。相田氏はこの会談に臨むにあたり、ダイハツ工業の小石雄治社長からの要請で、当時中国が重視していたダイハツのオート三輪車の生産計画案を持参していた。以下はその会談の一部である。

譚偉「私自身の考えはこういう交流合作をやれば、必ず貿易の関係がある。貿易協定の基準がなければやりにくい。皆の言う合作、貿易が入って居るから、今の岸政府は中日貿易を支持していない。先生の言う合作方式は今からやれば困難と思う。私白身の考えでは、実現しにくいと考えて居る。貴方途はどうゆう方法でやる積りか考えをお聞きしたい。」

相田「民間としてはやれると思う。もっと時間をかけて、あなたと話し合って行きたいと思う。」

譚偉「こういう話を続けてゆくと、必ず貿易と関係してくる。しかし今の岸政府は中日貿易を支持していない。相田先生のいうような合作方式は今からやれば困難である。実現しにくいだろう。」
相田「しかし政府はどうでも、民間としてはやれると思う。協定がなくてもやっていけぬかどうか、もっと時間をかけて話し合って行きたい。」
譚偉「なぜ時間をかけるのか?」
相田「日中は今後長く手を握って行かねばならないと思う。」
譚偉「相田先生は具体的な話し合いをしたいということか?」
相田「日本の自動車会社のことを例にとれば、この条件ならやれるとか、やらぬとか中国側の意見を聞きたい。」
譚偉「私個人の意見をいう。中国外交部長陳毅副総理は、日中両国は合作をやらねばならないといった。これは中国の意志を代表している。中国は貿易その他の合作に対してたいへん注意している。しかし、両国が第四次民間貿易協定に署名するとき、岸は米国の圧力でこれを承認しなかった。たとえば今日のオート三輪車のこと、内容が貿易のことが入っており、打合せするにしても実現できない。将来協定ができればこの困難はなくなると思う。」(67)

一九五八年は日中関係にとって大きな転換であり、相田訪中団が中国に滞在していた時期は、日中関係が極めて悪化している時であった。それにもかかわらず、相田氏と中国側との会談が中止されることはなかった。ほかの交流が停止するなかで、相田氏たちの会談が予定通り実施されたのは、張氏の存在と同窓生ネットワークという人的つながりによるところが大きかったと考えられる。民間レベルでの技術交流を進めていくことは、中国側にとっても望むところであり、政治的に交流が厳しい時代であっても、かつての人間関係に基づく人的つながりは有効に機能することを示しているといえよう。

訪中を終えて

訪中を終えて帰国した相田氏らは、旅順工科大学同窓会のなかで帰国報告会などを開催するとともに、日本国債貿易促進協会にも帰国の報告をした。その内容が『国際貿易』に掲載されている。

「中国の電力建設状況については、①先般、化工団で来日した中国電力工業部（現・水利電力部）水力発電建設総局設計委員総工程師、干開泉氏の報告、②中国電機工程学会、中国技術計画委員会と興亜技術同志会との懇談などにより、中国側各方面で発表した資料はほとんどすべてわが国業界主流では把握している事と思う。これらの調査・折衝を通じて判明した、対中国輸出期待量は莫大である。(68)」

経済界の各方面から期待の声を寄せられた相田氏は、引き続き中国との民間交流を継続し、合弁会社の設立など民間貿易の確立にむけて活動を続けた。一九六〇年には、同窓会内部に「日中技術交流委員会」という組織を設立し、技術交流を目的とした活動をスタートさせた。

これに対して同窓会内部からは、「今後も引き続き、日中の技術交流に貢献していくべき」という声が上がる一方で、経済的な「大陸再進出」に対するとまどいや抵抗感も表明されはじめた。「同窓会は、あくまで同窓会に徹するべきではないだろうか」という同窓会の活動のあり方について議論が展開しはじめ、次第に「同窓会の名称変更」が争点になっていった。

戦後二十年目の改名――『興亜』から『旅順』へ

一九六二年刊行の『興亜』四二号以降、同窓会および同窓会誌の改名に関する記事が相次いだ。その内容は、中国人同窓生の意思を汲んで、改名することが望ましいというものである。

「興亜技術同志会なる名前は長い間、耳にこびりついて郷愁的なものであり、興亜の使命とともに親しみのある音律です。ですが、あらためて考えてみれば、中国の同志にとって決して好感の持てる名前ではない。むしろ誤解されるのではないでしょうか。[69]」

「現在日中関係は微妙な段階にあるが、将来必ず情勢は変わるものと考えなければならない。すなわち今後悪化してもよくなってもいずれにしても「同窓会」としての態度に徹することはいかなる条件下にも対応できるし、国内はもとより中国の同窓生とも連絡しやすく、友好を深めていくことができる」

(『興亜』四八号、一九六四年)

また、中国人同窓生からも「旅順工科大学同窓会のほうが、適切であると思われます」という意見が寄せられた(『興亜』四八号、一九六四年)。このように、「興亜」という用語の持つ侵略性に対して、中国人同窓生の気持ちを配慮する必要があるのではないかという意見が多数寄せられた。

こうした記事が続くなかで相田氏は、「興亜技術同志会の名称変更に関するアンケート」を実施することを決めた。そして、一九六五年八月刊行の『興亜』四九号にて名称変更の採決結果が発表され、「名称変更賛成

↓三三六、反対↓五八」という結果となった。これにともない同窓会の名称は、「興亜技術同志会」から「旅順工科大学同窓会」へと変更になった。また、同窓会誌も『興亜』から『旅順』への変更になった。その後相田氏は、同窓会の会長職を退くことになる。ちょうど、戦後二十年目の節目の年だった。

この一連の改名論争は、さまざまな点を示唆しているだろう。まず、改名賛成票の多さである。一九六五年ころになると、戦前すでに社会人だった世代は引退しはじめ、世代交代が進んでくる。一八九七年生まれの相田氏は六十八歳であった。一方、旅順工科大学在学中に終戦を迎えた世代は三十代後半から四十代であり、社会人として前線で活躍している世代である。高度経済成長期のさなか、こうした世代交代が起こりはじめている時期であり、それがこの改名論争に影響を与えたと考えられよう。

他方で、改名反対票が五八票投じられたという点も注目すべきであろう。相田氏が繰り返し言うように、「興亜」は旅順工科大学の精神であり、誇るべきものであるという価値観に賛成する意見もまた、根強く存在することも浮き彫りにした。

文化大革命と中国人同窓生

一九六〇年代になると、中国人同窓生の社会的立場が一変し、これまで築いてきた社会的地位や財産が崩れはじめる。大躍進、文化大革命の影響である。とりわけ、文化大革命のころを振り返って語ってくれる中国人同窓生は少ないのだが、旅順工科大学出身者のある方は次のように語ってくれた。

「下放の体験の恐怖は体に刻まれていて、すべてを語ることはできない。いまはそんなことないだろうけど、当時は命の保証がなかったから。私たち家族には医者が多かったからすぐに下放された。家族もばらばらでね。でも生きて帰ってこれたからよかった。」

文化大革命が終わってからすでに何十年も経過しているが、当時の状況にいまだに恐怖を覚えることもあり、話をすることができないという。本章で登場した張有萱氏も例外ではなく、下放を経験している。また、ある中国人同窓生によれば、文革のさなかに旅順工科大学の中国人同窓生三名が命を落としたといい、この三名の死は、中国人同窓生の深刻な戦後経験を物語っているだろう。今となってはその詳細を知ることはできないし、筆者が中国人同窓生へのインタビューで当時のことを聞いても、詳しく語ろうとはしない。中国人同窓生にとって、いまだに語ることのできない記憶として刻まれている。

本章では、一九五〇年代を中心に展開した日中民間交流のなかで、日本人学校の同窓会が果たした役割と機能について、相田氏と張氏の交流を軸に考えてきた。旅順工科大学の日中同窓会は、その人脈とネットワーク性を駆使することで、国交のない時代の日中民間交流を可能にした。その背景には、同窓生ネットワークという強固な人間関係に基づく人的つながりがあり、さらには、中国政府の要人であった張氏の影響が強かったことが考えられる。

最後に、張氏のその後について触れておきたい。相田氏の訪中を実現させ、中国側の団体との間を取り持った張有萱氏は常に裏方に徹していた。反日的気運の高い戦後中国社会において、日本の学校出身であることは批判の対象となるため、張氏は難しい立場に立たされていた。張氏は、一九六一年十一月二十日に、中国文化代表団の一員として来日した。綿密に日程が管理された来日行程のなかで、相田氏とわずかな時間を共にした。二名にとって四年ぶりの再会である。このときの様子を相田氏は同窓会誌に記している。

「張有萱さんがすっかり老けこんでいることに驚いた。「大躍進」の影響だと直感する。張有萱さんはトヨタ自動車の工場見学を志願したため、方々を掛け合うが頓挫。彼の行動は厳しく制限されていた。(70)」

一九五八年から一九六〇年にかけて実施された大躍進政策は、農業・工業の大増産政策であるが、張氏が国家官僚としてその実務処理にあたっていたことを知る相田氏は、張氏の心労を慮った。その後、張氏とは連絡が途絶えるが、一九七〇年代半ばには、文革で失脚していた張氏が再び国家の技術委員会の役職に復帰したという情報が同窓会のなかで流れはじめる。一九八〇年代に入り改革開放政策が実施されると、張氏の技術力や人脈はふたたび脚光を集め、日本人同窓会との交流が活発化していく。

Ⅳ章　日中国交回復（一九七〇～一九八〇年代）

改革開放の時代へ

一九六六年から一九七六年にかけての中国において、文化大革命で被害を受けた人数は一億人を越えるという。一九七六年に毛沢東が死去したことによって、長く続いてきた文化大革命は終結した。しかし終止符は打たれたものの、しばらくは政治闘争を中心とする枠組みがまだ維持されており、国民の基本的生活がすぐに変化するわけではなかった。(71)

文化大革命が終結する一九七六年は、中国にとって大きな出来事が連続する。一九七六年一月八日に周恩来総理が死去し、その直後、四人組(72)は周恩来および鄧小平への批判を開始した。一九七六年四月五日に、周恩来総理を悼む約百万人が天安門広場に集まり、警備の兵士および民兵と衝突した。これが、いわゆる「第一次天安門事件」である。その後、鄧小平は事件との関係を糾弾され、党内外の職務をすべて解任された。

その後、一九七六年九月九日に毛沢東が死去し、一九七六年十月に四人組が逮捕され、文化大革命が終結した。しばらくは政治闘争が続いたが、一九七七年七月に開かれた中国共産党第十期第三次中央委員会全会において鄧小平の復職が決定し、一九七八年の二月に全国人民代表大会で憲法改正を行ない、「今世紀末までに四つの現代化建設を実現する」ことが憲法の前文に入れられた。(73)さらに、一九七八年十二月に中国共産党第十一期第三次中央委員会全会が開催され、鄧小平は毛沢東時代の階級闘争論を否定し、全党の活動の中心を社会主義現代化建設に移すことを決定するなど、路線の転換を図った。

鄧小平は、社会主義的市場経済を導入した改革開放政策を実施しはじめる。中国各地で経済発展を目指した取り組みがはじめられるが、とりわけ沿岸部の都市は急速に発展してゆく。この背景には、鄧小平が唱えた先富論という概念があった。先富論とは、まず沿岸部の都市が成長してから、そのあと内陸の農村部を発展させてゆくというものである。その結果、沿岸部の都市はますます成長する一方で、内陸の農村部は市場経済から取り残され、これが著しい都市部と農村との経済格差を生むことになる。

一九七〇年代の国際情勢は、依然として米ソによる冷戦構造が続いていた。アメリカと中国は、一九六五年六月の朝鮮戦争以後アメリカがとった「中国封じ込め」政策によって対立していたが、情勢が変わりつつあった。まず一九七一年十月にキッシンジャー米大統領補佐官が北京を秘密裏に訪問した。同月に中国は国連に加盟し、一九七二年二月にニクソン米大統領が訪中して、上海で共同コミュニケを発表した。

また日本との関係も改善してゆく。一九七二年九月には、日本の田中角栄首相が中国を訪問し、両国の国交は正常化された。そして、一九七八年八月には、中日平和友好条約が調印されて、中日両国の友好関係はさらに前進した。しかし、ソ連およびほかの社会主義国との関係は次第に疎遠になっていった。

提携と摩擦の日中関係

鄧小平は沿岸部の都市を成長させるために、一九八四年に「沿海開放都市」を指定した。これは、中国中央政府主導の改革開放政策の一環で、経済技術開発区を建設して沿海部の経済発展を優先的に実施し、積極的に外資系企業を誘致することが目的である。全国で十四都市が選出され、大連、秦皇島、天津、煙台、青島、連雲港、南通、上海、寧波、温州、福州、広州、湛江、北海が沿海開放都市となった。これらの都市に建設された経済技術開発区は、既存の都市に隣接して造られた、別個の都市とも見える巨大なゾーンである。ここには世界中の企業が集まり、会社や事務所だけでなく、マンションやショッピングモール、学校、公園が設置された。上海にはこの開発区が三つあるが、それ以外の都市には開発区が一つずつ設置されている。

大連は中国東北部で唯一沿海開放都市に指定され、中国東北部をけん引していく役割を期待された。大連の経済技術開発区は、中心部からおよそ二十七キロ離れた沿海部に設置された。二〇〇二年から大連市内に通じる軽便高速電車が開通し、大連中心部までおよそ二十分で到着する。近年大連では、経済技術開発区の拡大が進み、旅順大連間の沿岸部がソフトウェアパークとして拡大され、日本をはじめとする世界中のＩＴ企業が集中するＩＴ地区となっている。

一九七〇年代、改革開放を進める中国は日本との関係を重視した。同時に日本も中国との関係強化に積極的であった。一九七八年十二月に成立した大平正芳内閣は、ＡＳＥＡＮ外交、中国との関係強化を重視していた。大平首相は、日中友好関係を促進することは日本外交の「最も重要な課題の一つである」と述べて、中国の近代化建設を支持することを表明した。中国が改革・開放政策を選択したこと自体は、鎖国をやめて世界に目を向けることを意味することであり、この中国が近代化の過程で日本などの先進国と信頼関係を深めることは、アジアの安全保障から見ても歓迎されることであった。

経済面では、Ⅲ章で述べたように一九五〇年代から民間レベルで日中経済交流が進められてきたが、国交回復以降は政府レベルで交流が進められた。一九七九年に日本は第一次対中国円借款を開始した。両国は政治、経済の関係が密接になったばかりでなく、両国の人的交流も活発になっていった。

しかしながら、歴史問題を背景とする摩擦も起きている。たとえば、一九八二年の「教科書問題」や一九八五年の「靖国神社公式参拝問題」などの問題がある。国際政治学者の田中明彦は、改革開放以降の日中関係について、「一九七八年以後の日中関係は、関係増大をフィーバーする動きとこれらの摩擦の発生が交互に繰り返している」と指摘している。(74) また政策学が専門の張永久は、「改革・開放二十年以上の歩みから見れば、中国国内の政治経済などが安定している場合は、中日関係も順調に発展する。逆に改革開放が間違った政策を取ったり、改革開放とこれまでの制度、慣行、既得権益との間にきしみから出た悪い影響は必ず中日関係に及ぶ」と指摘している。[75] 改革開放以降の日中関係は、提携と摩擦の繰り返しであった。

日中国交正常化と同窓会の変容

日中国交正常化は、多くの日本人同窓生にとって期待の膨らむニュースであった。この時期に多くの同窓会が新しく発足し、同窓会誌が刊行されはじめている。その動機と背景は次の二点にまとめることができよう。第一は、同窓会内部における世代交代である。たとえば一九八〇年に刊行された『大連会会報』創刊号には、「新しい大連会は、旅大中等学校合同同窓会の運営で、大大連会に発展させることが可能になりました」とあるように[76]、これまで同窓会を支えてきた引揚者一世、つまり戦前期にすでに社会人であった世代に対し、この時期には、引揚時に小中学生であった引揚者二世が同窓会の運営を担い始めるという変化があった。

第二は、中国との関係の変化である。国交正常化によって引揚者の中国訪問が可能になると、訪中や中国との相互交流を進めていくことが会の主要な活動となっていく。在外財産返還問題が引き続き取り組まれたことに加え、墓参や収骨対策の提唱と実践、中国の残留邦人に対する支援活動、日中の経済文化交流などに関する記事が会報の重要な記事として掲載されることになる。

それに加えて、会員名簿の掲載は会報のもっとも重要な役割の一つであった。会報を刊行しなかった団体であっても定期的に会員名簿を編纂したようだが、会報が会員名簿の機能を果たす場合もあった。

一九七〇年代末には、相互親睦、墓参や収骨に加えて、「故郷」再訪を目的とした中国東北への訪問が話題として頻繁に登場し、訪問団による参加記などが寄稿されるようになる。「故郷」の訪問が会の主要な活動の一つに据えられることになった。この結果、多くの会報において、中国東北への訪問記が掲載されることになった。世代交代は進みつつあるが、青春時代や幼少期を過ごした大連をみずからの故郷と考え、再訪を望んだのはごく自然なことであったのだろう。一方で、大連はすでに中国の都市であり、日本人にとってはもうふるさとではないと失望する者もいた。同窓会では、このような「ノスタルジア」をめぐるアンビバレントな記憶が表象されていた。

小説のなかの大連の記憶

「故郷」や「ノスタルジア」をめぐる表象は、一九七〇年代以降、相次いで刊行された回想録や小説のなかでも繰り返されていく。なかでも、一九六九年の文芸雑誌『群像』に発表され、一九七〇年に芥川賞を受賞した清岡卓行『アカシアの大連』は嚆矢であろう。Ⅱ章で言及したように、清岡は大連日僑学校の教師をしていたときに妻と出会うのだが、『アカシアの大連』は、その妻との思い出がテーマとなっている私小説である。清岡は、今はなくなってしまった自分の「故郷」と、最愛の妻を失った悲しみを重ねて描写する。この小説がきっかけとなって、清岡は大連に関する小説や随筆を書き続けていく。『中山広場』（一九八三年）、『パリと大連』（一九八九年）では、自身の「個人的な体験」と大連の「歴史的な過去」のせめぎあいをテーマとして描写した。

『アカシアの大連』

代表作『アカシアの大連』の中山広場の描写は、亡き妻との思い出にあふれている。中山広場は、清岡と妻が最初に出会った思い出の場所であり、清岡にとって「ノスタルジア」を感じずにはおれない場所として聖地化されている。

「少し斜めにかぶっている帽子はフェルト、丸い山の部分が赤く、折返されたへりが紺で、明るく眩しい感じであった。その下からはみ出た髪は、若若しく豊かで、茶色いウールのハーフコートの襟に少しかかっていた。薄青の細い毛糸で編んだ靴下は、膝の下までで、それと、比較的短い薄茶色のスカートの間で、白くふくよかな感じのひかがみがちらちらしていた。全体としてすっきりとした趣味で、いくらかさびれている大広場のなかに、ふしぎな花がぽっかりと咲いたような感じであった。

ああ、きみに肉体があるとは不思議だ！

彼は自分の胸から不意に湧いてきたその言葉に、たじろいだ。中国人の若い保安官が、ふしぎそうに彼女に近寄り、身分証明書の呈示を求め、すぐ了解した様子で離れて行った。また、アカシアの花の開く頃になっていた。行手の街路の並木に、その白い蕾がちらほらと眺められた。」

（清岡・一九九二：一五二―一五三）

『アカシアの大連』は、亡き妻との淡い思い出と華やかな頃の大連の街並みを重ねて、今は届かない妻への想いを叙情的に描いた作品である。この小説には「アカシア」「故郷」「ノスタルジア」といったキーワードが多用されており、これらは多くの日本人同窓生にとってかつての大連を連想させる用語であり、心に響くものであった。『アカシアの大連』以後、膨大な数の大連・引揚げに関する自伝、小説などが刊行されるが、そこでもこれらのキーワードが多用されている。

『中山広場』

『アカシアの大連』の十三年後、清岡は『中山広場』という短文を書いている。この短文は『大連小景集』(一九八三年)という短編集に収められている。この『大連小景集』は四編の短編随筆からなる随筆集であるが、その内容は一九八〇年代に清岡が大連を再訪した体験が元になっており、大連再訪の時間軸に沿って書かれている。引揚げから三十四年五カ月ぶりの再訪が描かれており、その内容は、久しぶりに訪れた中山広場のすべてが懐かしく、深い親しみを覚えるけれども、同時に、大連の重層的な歴史を強く自覚し、懐かしい感情を抑えようとしている自分に気づいて葛藤するさまが描かれたものである。本文中で清岡は、中山広場の旧建築をひとつひとつ眺めながら当時の出来事を思い出してゆくが、そのとき二十歳の頃の自分が中山広場をモチーフにして作った『円《まろ》き広場』という詩を思い出す。

円《まろ》き広場

わがふるさとの町の中心
美しく大いなる円《まろ》き広場
そは　真夏の正午の
眼覚めのごとく
十条の道を放射す
即ちまた　そのままにて
十条の道を吸収す

おお　遠心にして求心なる
ふるさとの子　20歳
幼き日よりの広場に
はじめて眩暈し　佇む
意識の円き核の
かくも劇的なる
膨張と同時の収縮を
かつて詩にも　音楽にも
　恋にも　絶えて知らざりき

（清岡・一九八三：七六―七七）

二十代の清岡青年にとって大広場は、「毎日通る通学路」であった。しかし毎日通るこの広場を見ているうちに、「放射と吸収が、美しいと呼ぶほかはないような、まったき力の均衡を演じている」ことを感じはじめ、清岡のなかで特別な場所となってゆく。二十歳の頃の清岡は、大広場や広場から伸びる十条の道に放射と吸収を感じ、その中心性を詩で表現した。清岡青年は、この場所の持つ歴史性や権力性に自覚的でありながらも、美的な感覚をより強く意識していた。

「二十歳の私は、この大広場とそこから放射状に発している十条の道路、そしてアカシアの並木が、ロシアの残した都市計画の中心や具体的な材料いくらかを日本が引き継いだことを、詳しいところまではともかく粗筋で知っていた。またロシアが描いたダーリニの形態には、パリの魅惑がいくぶん投影されていたということも知っていた。一口で言えば、大連のほかの場所とは比較にできないほど色濃く、大広場にはヨーロッパが隠されていることを知っていた。そういうわけで、きびしい外部の現実にかかわる自分なりの一つの目覚めらしいものが、ほかならぬ大広場で起こったということに、20歳の私はある微妙な、他人には伝えにくい、そのため秘密のようにもなってしまう喜ばしさを覚えたものであった。」

（清岡・一九八三：七九）

若き日の清岡は、大広場に「ヨーロッパ」を見ていた。当時の清岡にとってヨーロッパはあこがれの対象であり、ヨーロッパを感じさせる大広場は彼の「誇り」でもあった。

「この束の間のせつない述懐は、中山広場への、まるで青春期におけるような親しみをもたらした。初冬の午前の広場における、植込みの中の土壌への手触り、乾いて澄んだ空気の匂い、常緑の樹木の葉のつややかな光、舗装された通路の冷たい固さなど、そうしたものすべてが、私の感覚に生き生きと迫ってくるような雰囲気になった。」

（清岡・一九八三：八〇）

大連のなかでも、とくに中山広場に懐かしさを抱く清岡だが、同時に、一九八〇年代の清岡は単に懐かしさだけ抱いているわけではなかった。

「しかし私は複雑な思いに打たれた。四〇年前とは決定的に異なるつぎのような考えを、もう一方において抱いていたからである。この中山広場とそこから放射状に発する十条の道路は、かつてたしかに日本の管理、資本、技術によって建設されたものであった。用いられた設計はほとんど、ロシアが残していたものであった。その設計に含まれていた主な特徴は、フランスの首都に学んだものであった。今も、それら三つの国の影響をそれぞれに濃淡のちがいはあるが、私の眼前の空間に透かして眺めることができる。しかし、これらの広場と十条の道路の築造に参加した労働者は、ほとんどが中国人であった。この都会の土地の本来の所有者である中国人の人民であった。現在、広場も十条の道路も、いや大連全体が中国のものに戻っていることは、まさしく歴史の審判なのだ。」

（清岡・一九八三：八〇）

一九八〇年代の清岡は、中山広場に憧れや懐かしさだけではなく、「ふるさと」が中国の町に戻っている喪失感も痛感する。

「私は矛盾していた。中山広場を形づくる空気、土壌、樹木、舗装の道路などに感じた深い本能的な親しみを、眼前の光景全体の人為的な構成が重層的にかたどる歴史の真実によって、ただちに抑えられていたのである。」

（清岡・一九八三：八二）

清岡は、中山広場に大広場を見て、この上ない懐かしさを覚えつつも、同時に、大連が抱える「重層的な歴史の真実」を中山広場に感じとり、個人的な懐かしさを抑えようとしている自分に気づき葛藤する。この文章では、再訪した大連の中山広場に対して、「深い本能的な親しみ」を感じるけれども、それは単純な懐旧の念では決してなく、「歴史の真実」を強く自覚するために、故郷をふるさとと呼べない苦しみがあらわれている。

『パリと大連』

『パリと大連』では、パリの旧エトワール広場（現・シャルル・ド・ゴール広場）と中山広場を比較する。『パリと大連』は一九八九年一月号の『群像』に発表された随筆である。発表される前年に清岡がパリを初めて訪れて、ロシアが大連で模したオリジナルのエトワール広場と、大連の大広場との共通点を探すという内容である。ここで清岡は、両広場には実際には景観上ほとんど共通点がないことに寂しさを覚えながらも、〝建物と広場のあいだの小さな平地〟に共通点を見出し歓喜する。この〝建物と広場のあいだの小さな平地〟とは、広場に面して建つ建物の前にある小さなスペースのことである。パリで誰に聞いてもこの場所の名前がわからなかった清岡は、便宜上この場所を、〝建物と広場のあいだの小さな平地〟と名づけた。

「シャルル・ド・ゴール広場の周囲を半分ほどめぐった私は、フォッシュ通りの先端を横切って、次の〝建物と広場のあいだの小さな平地〟の木立のなかを歩いていた。そのときである、私の胸のなかにひとつの感動が生じた。そうだ、これは大連の大広場の場合とまったく同じではないか！　それは私の体の内部から、足の裏かららってきた。なんという懐かしい感覚―。」（清岡・一九八九：一二三）

前述の『中山広場』とは異なり、『パリと大連』では、中山広場に対する懐かしさがあふれている。大連の中山広場に立つのではなく、パリの旧エトワール広場に立つことで、旧エトワール広場に中山広場の歴史の重層性を重ねることなく、大連の歴史の重さから解放されて懐かしさをかみしめているようである。

以上の一連の清岡の大連作品を見ていくと、『アカシアの大連』『円き広場』『パリと大連』では、中山広場に「ヨーロッパへの憧れ」を感じ、そこには「美しさ」や「懐かしさ」があふれていた。しかし同時に、『中山広場』のように、大連の植民地の歴史の重層性を感じ、ふるさとの懐かしさと歴史の重さの「せめぎあい」や「葛藤」も感じていた。そのせめぎ合いのなかで、「ふるさと」である大連と現在の大連を切り離そうとしてもできない「身体化された懐かしさ」が表現されていた。

大連に対する「懐かしさ」と「喪失感」というアンビバレントな記憶は、大連出身者独特の記憶のあり方であり、他の人びととは共通することが困難であるため、同窓会などでひっそりと語られていたのである。

「大連中日友好学友会」の設立

日本人の同窓会が「故郷」「ノスタルジア」を表象し、大連を再訪しはじめるとき、中国人同窓生たちは独自の同窓組織を作りはじめていた。文化大革命が終結して、下放されていた中国人同窓生が大連に戻りはじめ、中国人同窓生の生活は少しずつ変化してゆく。それまで、日本人学校の出身であることを公の場で口にしたり、同窓生と集会を開くということはできなかったが、文革が終結したことでそうしたことも可能になっていった。

大連第二中学校出身の中国人同窓生はインタビューのなかで、はじめて中国人だけで同窓会を開いたのは一九七〇年代後半だったと語っている。大連市内で集まり、会食形式の同窓会を開催した。参加した中国人同窓生は当時の様子を次のように語った。

「仲のいい一〇名ほどで集まって年に数回会食をしていたが、ときどき校歌を歌うこともあったよ。でも日本の校歌だから大きな声では歌えない。だからひっそりと集会をやったんだ」

文化大革命が終わって、中国人同窓生はささやかではあるが同窓会を開くようになったものの、まだ堂々と会を開くことはできなかったようだ。一九七〇年代後半からひっそりとはじまった中国人同士の同窓会は、大連第二中学校以外の学校でも開催された。そして、こうしたささやかな同窓会活動は、一九八五年を境に大きく変化する。

一九八五年四月二十七日、大連、旅順の中国人同窓生は、学校の枠を越えた同窓生ネットワークを形成した。それが「大連中日友好学友会」である。この組織には、五百名以上の中国人同窓生が参加した。大連中日友好学友会会報『学友通信』第一号には、その所信が表明されている。[77] それによると同窓生ネットワークの形成目的は、「中日友好」「大連経済への貢献」を推進することであった。

「大連中日友好学友会は、中華人民共和国の対外開放政策、大連振興、中日友好発展に寄与する。解放前に日本人学校で学んだ中国人同窓生で構成される大連中日友好学友会は、国内外の日本人学校同窓生と連携をとり、中日間の科学技術、文化教育にかんする交流や、合弁事業など経済活動および大連市のグローバル化に貢献することができる。

大連中日友好学友会の成立意義は重大である。大連と日本は特殊な関係であり、現在大連に来る外国人旅行者の六〇％が日本人である。外国企業と中国企業の合弁会社も六〇％が日系企業である。今後の大連の発展において日本との関係が重視されるなかで、日本との関係が深い大連中日友好学友会の成立は非常に重要である。中国共産党大連市委員会、大連市政府もたいへん支持しているため、その重要性を発揮することができる。大連中日友好学友会は、日本との技術、経済協力関係の窓口である。」

（『学友通信』第一号（一九八五年九月三日）より抜粋）

また、同会報第一号には「大連中日友好学友会会則」として以下のように趣旨が記されている。

大連中日友好学友会会則

［第一章　名称］

本会の名称は、大連大連中日友好学友会と定める。

［第二章　宗旨］

本会は、中華人民共和国憲法に則り、大連振興と中日友好関係の発展に寄与する。中日間の科学技術、文化教育の交流と経済的合同事業の発展を促進する。

［第三章　活動内容と方式］

本会員は、中国の経済発展および対外開放政策の方針と政策を、日本の経済、科学文化の研究から学び、広報する。そして工業、農業、商業、旅行業、および文化、教育面において、両国の関係機関が学術交流を図るために本会が仲介役となる。

［第四章　会員］

会員は以下に限られる。日本に留学経験のある大連出身者、および、戦前の大連にあった日本人学校（大学、中学校）で勉強したことのある中国人。

［第五章　経費］

活動経費は会員が納める会費と支援者からの援助、本会が展開する事業の収益による。
大連市長および大連市政府財務局より活動経費助成。

（『学友通信』第一号（一九八五年九月三日）より抜粋）

このように大連中日友好学友会は、「大連振興と中日友好関係の発展に寄与する」ことを目的として設立された。たしかに、「会則　第四章　会員」にあるように、会員の条件に日本人学校出身の中国人同窓会が含まれているため、学校の枠を越えた同窓会ネットワークであるのだが、その所信表明からも政治的組織としての色合いが強いといえる。大連中日友好学友会が設立された年が、大連が沿海開放都市に指定された翌年であり、本会が大連の経済発展に寄与することを強く望まれていることもうかがえる。さらには「会則　第五章　経費」にあるように、本会の活動経費は会員が納める会費と援助から成るものの、大連市から活動経費の助成も得ているため、純粋な民間団体としての同窓会というよりは、半官半民的な組織といえるだろう。

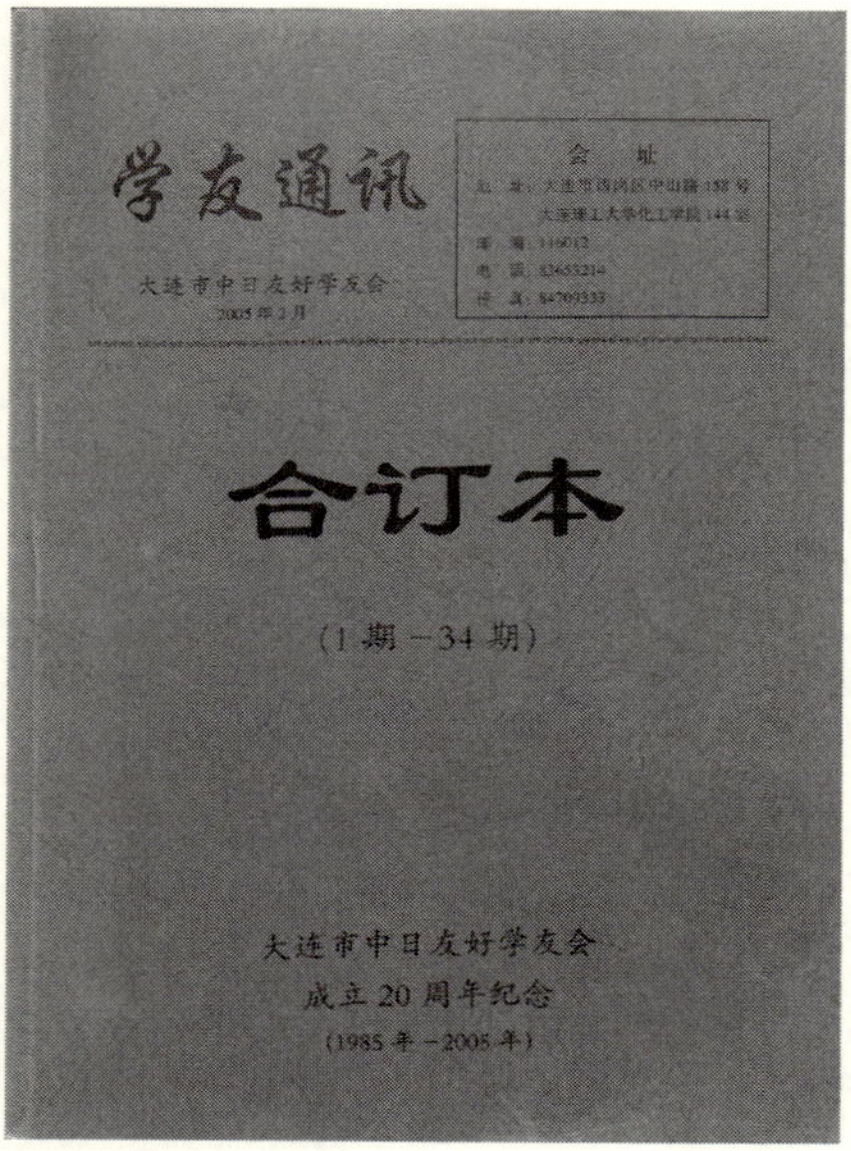

『学友通信』の表紙

　大連中日友好学友会のメンバー構成からも、その方向性は明らかである。同会顧問には、日本人学校の同窓生だけでなく、大連市長や大連市政府の役人が多数加わっている。十名の顧問の内訳はそれぞれ、中共大連市委書記、大連市長、大連市副市長、大連市市政府顧問、対外友協大連分会会長、船舶会社副社長、大連市政協副主席、大連市鉄路医院副院長、大連市政協副主席、大連工学院教授である。半数が大連行政の関係者である。興味深いことに、Ⅲ章で登場した張有萱氏も本会顧問の一人であった。

一九八五年当時の大連市長魏富海氏（一九八三～一九九三年在位）は、大連中日友好学友会をバックアップした一人である。魏氏は、日本との関係を重視した経済政策を実践し、経済技術開発区に積極的に日系企業を誘致した。その結果、魏氏が在任した一九八三年から一九九三年まで十年間、大連市は急速に経済発展を遂げる。魏氏は、日本との関係を重視した経済政策を実施したが、その背景には大連中日友好学友会との関係があったことはあまり知られていない。『学友通信』のなかで魏氏は次のように述べている。

「中国人同窓会はいわば「人的インフラ」である。日本植民地期の大連に由来する大連と日本の古い友人関係は、大連の発展に大きな影響をもたらす。」

（『学友通信』第三号より抜粋（一九八六年九月十五日付））

当時の大連市長による「人的インフラ」という表現には、対日経済政策の窓口として期待すると同時に、大連中日友好学友会を政治的に活用する意図がうかがえる。その後、大連中日友好学友会は社団法人化し、大連市人民政府内に事務所を設けた。

大連中日友好学友会の発足は、日系企業の注目も集めた。北京で出版されている日本語総合月刊誌『人民中国』の副編集長邱南英氏は、一九九二年に大連中日友好学友会郭永湘会長に取材して雑誌の特集を組んだ。そこでは大連中日友好学友会と日本側同窓会の密接な交流が中日友好事業や経済交流事業に役割を果たしていることが取り上げられている。[78] なお、『人民中国』はⅡ章で取り上げた劉徳有氏が在籍していたメディアである。

また、筆者が二〇〇八年五月二十七日に大連市内で実施した大連中日友好学友会杜鳳剛会長へのインタビューにおいて、杜会長は次のように述べていた。

「大連が沿海開放都市に選ばれたのは、日本との関係を密にして経済成長を遂げるためであり、日本と関係の深い植民地体験を持つ中国人が多く住んでいるからです。」

（二〇〇八年五月二十七日、大連理工大学にて）

魏氏をはじめとする歴代の大連市長と、大連中日友好学友会の関係は密接であった。魏氏が述べたように、その後の大連市長も大連中日友好学友会を「人的インフラ」として活用していくことになる。そして中国人同窓生は、この行政側の期待に応えるように「経済発展に貢献」すべく活動を展開してゆく。

大連行政の強い意向のもとで活動している大連中日友好学友会は、『学友通信』で自分たちの活動を次のように表明している。そこで繰り返される言葉は、「大連経済への貢献」「国家の発展」「中日友好」などであった。

「大連中日友好学友会は大連の発展のための対外政策の窓口として機能することが求められている」

（一九八六年九月十五日）

「大連中日友好学友会は日本と大連の友好の架け橋である」（一九八六年九月十五日）

「かつて大連に住んでいた日本の友人たちとの交流は、大連と日本の科学技術や文化の交流および経済協力である。大連中日友好学友会はその媒介として作用している。」（一九九〇年四月二十二日）

「大連中日友好学友会は外資導入のためにリーダーシップを発揮し、大連の経済促進と科学技術、工業、農業、商業の発展に貢献する組織である。」（一九九四年十二月四日）

「近年大連は外国人観光客が増加傾向にあるが、とりわけかつて大連に住んでいた日本人同窓生の数が多い。彼らの大半は大連に来る前に我々大連中日友好学友会会員に連絡を取り、会員もまた日本人同窓生と再会する。毎年二回、三回と大連にやってくるが、彼らを接待することは大連の観光事業の発展にも作用している。」（一九九六年十二月五日）

「大連中日友好学友会と日本の同窓会との友人関係、密接な相互の関係を継続してゆけば中日友好は維持される。」（二〇〇〇年四月十五日）

このように大連中日友好学友会は、科学技術、農業、工業、商業、観光などあらゆる分野で中日間の窓口となりながら、「大連経済への貢献」や「国家の発展」のために尽力している。こうした姿勢は、一九八五年から二〇〇〇年までの『学友通信』を通読しても変わることがない。大連中日友好学友会は、大連の発展を願い、日本との友好関係を構築することが重要であると説き、それは中国国家の発展につながるものであると主張している。

しかし、ここにあげた記事は『学友通信』に記載されているものであり、全国版の『人民日報』や、大連一般紙の『大連日報』においても、一九八〇年代から一九九〇年代にかけて大連中日友好学友会が活躍した内容の記事はほとんどみることがない(79)。大連に住む多くの中国人は、大連中日友好学友会の存在や活動内容を知ることがない。

大連中日友好学友会の活動

では、大連中日友好学友会はどのような活動をしていたのだろうか。同会の活動は、大連における工業、農業、商業、観光の促進など多岐にわたる。中心的な活動は、活躍の見込める日系企業と提携、合弁を進めるための窓口となることだった。一九八〇年代初頭、現在の大連商工会がまだ大連日本商工クラブとして発足したばかりであり、大連中日友好学友会のような団体が外資系企業を呼び込む経済活動には不可欠であった。

そのほかに、大連中日友好学友会は日本語学校も設立した。大連市内に開校した日本語学校は、開校当初全校生徒三クラス一一七人で、校舎はなく、大連大学の校舎を間借りしていた。教師は五人でそのうち二人は日本人であった。また、家族に大連中日友好学友会の会員がいる場合、学費が三〇％免除された。一九九〇年には五クラスに増加し、二〇〇〇年までに二一一〇人が卒業した。そのうちの五五〇人が日本への留学経験がある。また、この日本語学校では、毎年六月上旬に中国人の小学生を対象とした日本語弁論大会が開催されており、最優秀者には日本への留学の権利が与えられている。

研究機関や資料室も設立している。一九八六年に大連大学構内に日本研究所を設立し、主に経済学の分野での研究が進められている。大連市立図書館に日本文献資料室を設置した。大連市立図書館には四十万冊以上の満鉄関係資料が所蔵されており、その管理にあたっている。

大連会との連携

大連中日友好学友会は日本側同窓生との連携にも積極的だったが、もっとも密接に交流していたのが「大連会」である。大連会とは、大連第一中学校と大連第二中学校の日本人同窓会が母体となって、一九八二年に設立された同窓会ネットワークである。大連の学校を卒業した同窓生が数多く会員になっており、最盛期には一万人以上の会員数をほこった。歴代大連会会長には大連の日本人学校出身の国会議員や東大総長などが就任しており、政財界に影響力を持っている。大連会は二〇一三年に閉会したが、こうした人脈は大連行政にとっても重要なものであった。

たとえば、一九九一年五月発行の『大連会会報』第二四号には、一九九〇年の中国遼寧省の大連市と瀋陽市をむすぶ瀋大高速道路建設工事に関する記事がある。この高速道路の建設に際しては、高架立体交差道路やジャンクションの建設が急務であった。しかし予定地が住宅密集地ということもあり、これらの建設には高度な設計技術および施工計画が要求された。そこで工事の責任者である大連市政府は、日本に大連市政府建設局の技師を派遣して研修をさせたいという要請を大連会に寄せた。これにより大連会は、建設省や日本道路公団と連携を取りながら中国人技師を受け入れる段取りを整えた。中国人技師を受け入れてから数年後には目的の高架道路が完成している。これを契機に数名の大連会会員の日本人が名誉大連市民に選ばれることになり、両者の関係はより深まったと大連会会報は伝えている。(80)

このように大連中日友好学友会は、日本や大連行政とは密接な関係があるが、大連社会との関係は希薄であった。大連中日友好学友会は中日友好のための団体であり、「大連の発展」や「国家の発展」のために尽力しているにもかかわらず、その活動内容は一般の人たちにはほとんど知られていない。

翻って考えれば、「国家の発展」や「中日友好」に「貢献」するという語りは、Ⅱ章でみた劉徳有氏や、Ⅲ章でみた張有萱氏の語りと類似する。劉氏や張氏を取り上げた時代は、終戦直後から一九六〇年代までの時代であり、改革開放後の一九八〇年代とは社会体制が大きく変化している。しかし、こうした語りが時代を経ても共通するということは、何を物語っているのだろうか。ひとつには、日本人学校出身者が中国社会で生きていくための戦略であり立場の表明だと考えられるだろう。「日本帝国主義」に抗して、「国家の発展」に貢献するという主張はマスターナラティブに沿うものであり、中国人民の理想的な姿勢として受け入れられやすい。劉氏も張氏も、大連中日友好学友会も、さまざまな葛藤やジレンマを抱えつつも、個人的な記憶ではなくマスターナラティブに沿うような言説を繰り返していることから、中国国家権力の強大さと、彼らのなかに地続きな植民地経験の影響を読み取ることができるだろう。

中国人同窓生の多様な語り

中国人同窓生と中国社会の関係が希薄であることは、一九八〇年代から一九九〇年代にかけて中日間の歴史問題が沸き起こっていたことと無縁ではないだろう。この時期に歴史問題が噴出したのは、本章第一節でも触れたとおり、一九八二年の教科書問題や、一九八五年の現職総理大臣靖国神社参拝問題などが立て続けに起こったためだが、旧満洲、旧関東州のあった中国東北地方は、さらに別の問題とも連動して大きなうねりとなっていた。一九三一年に起きた柳条湖事件（満洲事変）、そして一九三二年に起きた旧満洲国建国から、それぞれ五十年目の節目の年にあたるからである。柳条湖事件も旧満洲国建国も、中国東北地方の人びとにとって、忘れることのできない屈辱的な出来事であった。したがって一九八〇年代前半は、中国東北地方において歴史問題が必然的に注目される時期であった。

戦争や占領の記憶が色濃く残る中国東北地方において、元大連市長の言うような「日本植民地期の大連に由来する大連と日本の古い友人関係は、大連の発展に大きな影響をもたらす」という発想は、決して多くの中国人に受け入れられることではないだろう。

こうした背景もあり対日政策の窓口であった大連中日友好学友会は、中国社会以上に日本人同窓生と密接な関係にあった。一九七二年に国交が回復し、改革開放政策が進展する一九八〇年代に入ると、大連を訪れる日本人旅行者が急増するが、大連に来る日本人旅行者の多くは、かつて大連に暮らしていた日本人同窓生であった。「ノスタルジア」を求めてやってくる日本人観光客は大連市にとっても大きなメリットであり、大連中日友好学友会にはこうした日本人同窓生をもてなすこともその役割の一つにあった。

しかし、戦後日本に引揚げてから約半世紀ぶりに大連を訪れる日本人同窓生の価値観は、戦前期の植民地主義的価値観とそれほど違わず、多くの中国人同窓生を困惑させることになる。たとえばⅡ章で述べた旅順工科大学の日本人同窓生は、旅順工科大学の建学の精神である「興亜の精神」という言葉を、懐かしさとともに口にしたりする。たしかに、一九六五年に改名されたものの、旅順工科大学は、予科の学生寮が「興亜寮」であり、同窓会誌が『興亜』であり、後藤新平に由来する建学の精神が「興亜の精神」であるように、「興亜」という言葉はなじみ深いものだった。改名論争が終結した後でも、同窓会誌の記述には、「興亜」という言葉を中国に対する日本の経済協力に重ねて、「興亜の精神」を持って中国の発展に寄与することが「旅順で学んだ者の使命」であり、「大陸で学んだものだからこそできることがある」と意欲を示しているものもある。

日本人同窓生が「興亜」という言葉を使用するとき、「侵略」という意味はおそらく意識されていないのだろう。だが、こうした姿勢に中国人同窓生は困惑するのである。日本人同窓生が「興亜」に「侵略」の意味を含めていようがいなかろうが、「興亜」という言葉を発すること自体が、中国人同窓生を困惑させてしまうのである。

中国人同窓生が不快感を記述している例もある。Ⅰ章でも少し触れた歴史学者の斉紅深が著した『「満洲」オーラルヒストリー〈奴隷化教育〉に抗して』には、五十名の日本人学校で学んだ中国人のオーラルヒストリーが採録されているが、そのなかで満洲医科大学出身の中国人同窓生が、一九八〇年代に日本人同窓生とのやりとりで抱いた不快感が記述されている。

中日国交回復後、とくに文化大革命以降は、日本人同窓生たちがさまざまなルートを通じて中国人同窓生と連絡を取るようになった。日本人同窓生は前述の満洲医科大学同窓会を組織し、年度別の下部組織を作った（私たちは「二十一会」すなわち二十一期に入学した同窓会である）。私は一度だけ参加した。その時、私が気付いたことがある。彼らははじめのうちは慎み深く礼儀正しい態度をとっていたが、そのうちにだんだん傲慢になっていった。彼らはなんと会の定期刊行物に「抗日匪賊の襲撃」という文章を掲載し、中国抗日連合軍を侮辱したのである。私はただちに抗議文を送ったが、私の抗議文は掲載されず、逆にあれこれと弁解する文章を出した。そこで私はもう一度「歴史的事実の歪曲を許さない」という文章を書いて反駁したが、彼らはこれも定期刊行物に掲載することを拒否した。要するに、日本の軍国主義勢力はまだ死んでおらず、依然としてそれを支持する勢力がいるということである。

同窓会内部における日本人と中国人の認識のずれを物語っている。またこの中国人同窓生は続けて次のように語る。

（斉・二〇〇四：五〇九）

日本侵略者の奴隷化教育をみくびってはならない。中国人学生のなかにRというものがいた。一九九二年に同窓会を開いたとき、友人は「R傀儡」というあだ名をつけた。Rは奴隷化教育の害毒を深く受け、普段の態度が悪かったので、こうしたあだ名がついたのである。Rは日本降伏後も依然として悔い改めようとはせず、日本人につき従い、日本人に化けて日本に「送還」された。一九五六年になってかれはどういうわけか帰国し、北京で仕事をしていた。その後、日本人に情報を提供したスパイ容疑で逮捕され、二十年間獄中にあった。文化大革命の後に釈放されて日本に戻ってからはRと名乗ることをやめ、日本人妻の姓を名乗っていた。中国人らしさはどこにもなく、彼こそ日本の奴隷化教育によって生まれた漢奸といえよう。

（斉・二〇〇四：五一二）

この記述は、日本人学校に通った経験は、中国人同窓生同士の間でも複雑な軋轢を生じさせていたことを明示しているだろう。

さらに、二〇〇三年十二月に刊行された『旅順工科大学　中国同学記念資料集』を見てみよう。これは、旅順工科大学出身の中国人同窓生が作成した記念文集である。全編中国語で書かれており、日本人同窓生は寄稿していない。責任編集は、中国人同窓生の潘玉璋氏と田宜恭氏が務めた。『旅順工科大学　中国同学記念資料集』の「編集後記」では、日本側の旅順工科大学同窓会との認識の差異が表明されている。

「旅順工科大学は、日本軍国主義の植民地的産物である。今日、この大学から二〇〇余名の中国人学生が巣立ち、二十世紀の中国革命と新中国の建設事業に大いに貢献してきた。（中略）旅順工科大学日本人学生の同窓会は、日本の敗戦後も活動を継続してきた。彼らは、出版物、回想記録、交流信息などを収めた九十周年記念号『平和の鐘』を刊行した。このなかで彼らは、日本植民地統治に貢献したことを称賛しているが、中国学生の愛国心や日本侵略精神への抵抗が消えることはない。中日同窓同士の交流は、中国経済の再建のために続けてきたのである。（中略）本書と日本学生同窓会の記念誌を比べることはできない。しかし私たちは、中国近現代史の学者や植民地教育史学者が、この二つの本を研究活用されることを望む。[81]」

「愛国心」や「侵略精神への抵抗」という用語には、中国人同窓生の強い想いが込められているだろう。もちろん、この記念文集のなかには、日本人同窓生との「懐かしい思い出」や、現在でも続くかけがえのない交流についても語られている。中国人同窓生にとっては、「愛国心」や「侵略精神への抵抗」と、「懐かしい思い出」は共存しているのである。さらに言えば、本章で見てきたような大連中日友好学友会による「国家への貢献」や「中日友好」という語りも内在しているといえるだろう。『旅順工科大学　中国同学記念資料集』でも銘記されているが、中日友好学友会のメンバーには旅順工科大学の中国人同窓生が多数含まれている。

本章では、一九八〇年代以降の中国人同窓生の語りについて検証してきた。大連中日友好学友会における「国家への貢献」「中日友好」という語りは、戦後中国のマスターナラティブに寄り添うものであり、そうすることで中国人同窓生の社会的立場が確保され、実際に大連経済の発展に貢献していた。こうした語りからは、終戦直後から大躍進、文化大革命の時代に冷遇されながらも生き抜いてきた中国人同窓生の生きざまを読み取ることができよう。加えて、旅順工科大学の中国人同窓生の記念文集において、「愛国心」や「懐かしい思い出」といった語りも同時に発せられていたように、その語りは多様であった。

他方、同じ学校の同窓である日本人同窓生との関係においても距離があった。中国人同窓生の経験してきた戦後経験はあまりにも過酷で、いくら友人であってもその事情を語ることすらはばかられ、中国人同窓生も口を開くことはなかった。それにもかかわらず、一部の日本人同窓生たちの配慮を欠いた発言や潜在的な植民地意識によって、中国人同窓生の信頼を損ねる結果を招くこともあった。中国人同窓生にとって、文化大革命によっていったんは回復した名誉も、結局は根本的な回復には至ることはなく、中国人社会とも、日本人同窓生とも疎遠な孤立した存在であり続けた。中国人同窓生の語りは、植民地経験はそれほど根深く、時間が解決できるほど単純なものではないことを物語っている。

Ⅴ章　植民地経験の記憶と忘却（一九八〇～二〇〇〇年代）

「植民地遺産」と「観光資源」

本章では、一九九〇年代以降の大連における記憶とその表象について分析していく。一九八〇年代以降に日本人観光客が増加するにつれて、大連の街並みも変化していく。一九八四年以降、沿岸開放都市として経済発展を見込まれた大連では高層ビルが林立しはじめ、前述したような日本統治時代の建築物の保存活動ははじまった。建築物の保存は大連市や中国国家が担っており、こうした保存活動は一九九〇年代からはじめられ、二〇〇五年までに百二十以上の建築物が対象となっている。これらの内訳は、ロシア、日本統治期のものが大半を占めており、歴史的文化財として保護の対象になっている。大連市政府によれば、保存活動の意図は、大連の歴史、とりわけ「植民地統治の受難の歴史」を後世に伝えることを目的としている。こうした活動は、大連以外にも旧満洲国の主要都市でも実施されており、満洲国の首都がおかれた長春をはじめ瀋陽やハルビンでも多数の建築物が保存されている。

大連賓館（旧大連ヤマトホテル）に設置されたQRコード（2014年筆者撮影）

大連では、それぞれの保護建築物にQRコードが設置され、携帯端末をかざせば「植民地遺産」の歴史や由来や機能について知ることができるようになっている。たとえば中山広場に位置する大連賓館、旧ヤマトホテルは、現在でもホテルとして利用されているが、大連賓館の玄関右側には、写真のようなQRコードが設置されており、「四十年におよぶ日本の植民地統治期に建築されたホテルである」ことが記されている。

一方で、これらの建築物は重要な「観光資源」でもある。保護活動には「屈辱の歴史を忘れない」という意味に加えて、「異国情緒」ある「観光資源」としてもみなしている二重の価値観が見て取れる。つまりこの場所は、植民地主義批判の装置としても、大連の文化資源装置としても機能しており、状況に応じてどちらの要素も主張できるような場所として保存されているといえる。

前述の大連賓館には、日本語の案内表記が目につく。レストランの入り口には「いらっしゃいませ」の看板が掛かり、ロビーには昭和十二年当時の大連地図が掛けられている。ホテルが対象とする客層は、日本人を想定しているようだ。戦前は満鉄の経営する一流ホテルとして国内外の来賓を迎えていたが、戦後はソ連に接収され、改革開放後は三つ星ホテルとして細々と営業を続けてきた。そして現在は、「ノスタルジア」を求めて大連を再訪する日本人たちの人気観光スポットになっている。

旧ヤマトホテル以外でも、保存と再利用をめぐる価値の二重性を見ることができる。たとえば、大連には「ロシア人街」と「日本人街」というエリアがある。ここはかつてロシア人や日本人が多く住んでいた地区で、現在観光地として保存・再利用されており、「異国情緒」を演出している。ロシア人街は、ロシア風建築が林立するストリートで、街路はきれいに舗装され、ロシア民芸品を売る土産屋や、ロシア料理を振舞う店が軒を連ねる。しかし一本路地を入るとそこには旧ロシア人住宅街が広がっている。道はでこぼこで大きな水溜りがあちこちにあり、強烈な生活臭が鼻をつく。もちろん現在の住人は中国人だが、もともとロシア人住宅は大きな屋敷だったので、一階と二階では異なる家族が住んでいることも多い。この地区に住んでいるのはおもに低所得者層だ。大連から日本人がいなくなった一九四七年以降に建物を大連市政府が接収して、それを低所得者層に分配したからである。表通りの華やかな観光地化されたロシア人街とは対照的に、古びた旧住宅は現在でも生活の場として機能している。

日本人街でも同様である。かつて大連駅前には「連鎖街」という商店街があった。一九三〇年に設立されたこの商店街は三階建ての集合建築で、鎖のように商店が連なっていることからこの名前がつけられた。モダンな外観は随所にアールデコ様式の装飾が施されている。二百ほどの店舗には、ブティックや雑貨、食堂のほかにも、映画館、ホテル、ダンスホール、共同浴場、郵便局、銀行などがあり、いわば駅前ショッピングモールであった。現在では青泥橋街に町名がかわったが、あいかわらず小さな露店がたくさん並んでいる。

大連駅前の旧連鎖街路地裏（2008 年筆者撮影）

外壁のあちらこちらに商店の看板が掲げられているが、よく見ると建物はそのままで当時をしのばせるものの、建物の劣化は激しく道にはごみが散乱し清潔ではない。ロシア人街と同様に、ここも低所得者層や他地域からの移住者に分配された地区である。

二〇〇八年二月に、筆者は知人の中国人に旧連鎖街を案内してもらったことがある。この知人は当時五十八歳で、日本人が引揚げたあと家族で連鎖街に住みはじめた。一家は山東からの移住者である。今でも連鎖街に暮らしており、家に連れて行ってくれた。「むかしはもっときれいだったよ」と、知人は旧連鎖街を歩きながらそう呟いていた。建物の入口は狭く、玄関からすぐに急勾配の階段が伸びている。外装は鉄筋コンクリートだが、内装は木造であった。内部は暗くて、小さな白熱灯だけで足元がよく見えない。しかし日本語で書かれた配電盤が戦前と変わらないことを物語る。みしみしときしむ階段を上ると、部屋の入口がいくつも並ぶ。そのひとつが知人の家であった。

リビング兼ベッドルームの部屋と台所の二部屋で、とても狭い。ベッドはオンドルになっておりここで食事もとる。天井は高く壁は厚い。大連の冬は厳しいため窓は分厚く二重だ。窓ガラスは当時のままだった。ここに孫と二人で暮らしている。孫は今年小学校に入ったばかりの一年生で、学校は歩いて十分ほどだという。また知人によれば、「仕事場が駅前商店街だし、買い物をするにもこの場所はとても便利だよ。でも来年立ち退かなければいけないんだ」という。再開発はこの旧連鎖街にも及んでいた。友人によると立ち退き料は一㎡あたり七千元～一万元ほどで、この部屋は二十五㎡ほどだから、多くても二五万元程度である。大連駅周辺の同程度の家の相場は安くても八〇万元ほどで、そこからさらに税金等が引かると、二五万元では到底足りない。「だから開発区の向こうに引っ越さなければいけないんだ。あそこにはここより安い家がある。でもここから遠くてとても不便だ。できればこの場所から離れたくない」という。仕事場のこと、生活費のこと、孫の学校のことだろう。問題はたくさんあるが、彼女たちが立ち退いたあとの場所には、清潔で近代的な街が広がっていることだろう。歴史遺産としての「価値」を見出され、保存し再利用される反面、大連住民の生活が変化を迫られていた。二〇一六年現在、旧連鎖街はまだ解体されずに残されており、知人も生活し続けているものの、いつ立ち退き命令が出されるかわからないという。

「個人的記憶」の表象

一九九〇年代から二〇〇〇年代になると、日本人と中国人の交流はさらに活発化する。大連市政府による

「植民地遺産」の「観光資源」化キャンペーンが功を奏して、日本人同窓生の大連再訪は増加する。この時代になると、子ども時代を大連で過ごした人びとの活動が中心的である。彼らの記憶は幼少期のものであり、終戦を社会人や大学生のときに迎えた人びとの経験や想いとは大きく異なってくる。そのため、仕事を退職して大連を気ままに旅行する日本人同窓生も多い。同窓会では、かつて暮らした家や植民地遺産めぐりのツアーが企画されており、大連を歩いていると高齢の日本人観光客の集団を目にすることも多い。こうした日本人同窓生たちを案内する中国人同窓生も少なくない。

この時代になると、Ⅳ章でとりあげた「大連中日友好学友会」のような経済的交流よりも、日本人同窓生と中国人同窓生の個人的交流が目立つようになる。彼らは、Ⅱ章でとりあげた劉徳有氏や、Ⅲ章で登場した張有萱氏のような著名人ではなく、「ごく普通の」中国人や日本人だ。彼らの個人的な交流のなかで、いくつかの共同作業が生まれていった。それは、極めて個人的な記憶の発露であった。

劉鴻運の自伝執筆作業

二〇〇六年、大連南山小学校の出身者である劉鴻運氏は、『アカシアの町に生まれて――劉鴻運自伝』(田所泉訳、風濤社、二〇〇六年)という自伝を刊行した。大連出身の劉氏が自身の半生を記した本である。戦前大連の学校生活や日本人同窓生との友情、戦後の苦労や民族意識など、等身大の劉氏の生活風景が詳しく記述されている良書だ。この本の特徴は、目次を見るとよくわかる。全体で二〇〇頁ほどのこの本は、「第一部　幼少年時代」「第二部　青年・壮年・老年時代」の二部で構成されており、第一部の戦前の体験に全体の三分の二を割いている。終戦直後の混乱期の記述も含めれば、およそ半分以上が戦前・戦中・戦後直後の内容ということになる。これはたとえば、Ⅱ章で言及した劉徳有氏の『時は流れて』が戦前の記述が三〇頁ほどであったことと比べても、とても多い分量である（『時は流れて』は上下巻の合計で九〇〇頁におよぶ）。

さらに注目すべきは、この本には文化大革命期の下放体験と、その後の名誉回復に至る過程が詳述されている点である。これまでにも述べてきたように、多くの中国人同窓生が、文革期の生活について語りたがらない。その意味でもこの本は貴重な証言録であるといえよう。

劉鴻運氏は、一九二九年六月十八日大連市に生まれる。父親は一家で山東省から大連に移住し、苦力として港湾労働に従事した。苦労の末に大連で「徳海商店」を開業し、日本の商社とつながりを持ちながら事業を成功させる。劉氏は、大連市土佐町公学堂から南山国民学校三年生に転入した。戦後は一九四八年に中国人民解放軍に志願入隊、解放戦争に参加した。一九五四年冬退役し大連に戻り教師となるが、一九五七年に右派分子と見なされ失職した。一九五八年から九年間服役し、一時釈放されるものの一九六九年から十三年間一家で遼寧省復州城鎮の農村に下放された。一九八二年に一家で大連に戻ってからは年金生活者として大連市に居住し続けた。

戦前大連での中国人の暮らしについて劉氏は、日本語の習得が重要であったことを次のように述べている。

「公学堂の先生の半数は日本人だった。校長先生も日本人だった。そのころ日本語が大連で広く通じていたわけではない。しかし中国人や満洲国人はみな、少しは日本語を話せた。土地訛りの日本語ではあるが、それなら日本人にもちょっぴりわかった。もしも一言も日本語が分からず大連市に住もうと思えば、ばかにされるのを覚悟しなければならなかった。こうして長い年月をへて、人はおのずと、みずからすすんで日本語を覚えるようになっていった。そのころ口づてによくいわれて流行した言葉に、「日本語ができれば、世の中どうにでもなる」というのがある。その意味は、日本語ができれば大連では食べて行け、屋根の下に住め、生活が楽になるということだ。」（劉・二〇〇六：四二―四三）

一方で、日本人同窓生との関係性については、「多くの日本人はみな同級の親友であるが、同時に、「チャンコロ、クサイ、チャンコロ、クサイ」とも言われることがあり、不愉快な思い出もある」（劉・二〇〇六：五三―五四）というように、個人的な友情と民族意識とが混在していた。

劉氏は、一九三七年に大連市内の土佐町公学堂に入学している。したがって右記の文章は、一九三〇年代後半ころの大連市内の様子を示しているといえるだろう。一九三〇年代の大連において日本語が中国人社会のなかでどのような位置づけだったかを知ることができる。

この本の記述は、全体的に楽しかった戦前生活と、耐えがたい文革期の戦後生活に分かれているが、半分以上は戦後の辛い経験の記述に割かれている。右派分子とされたこと、投獄されたこと、農村への下放など、壮年時代と老年時代の生活ではたくさんの辛酸辛苦をなめた。以下は、一九五七年に大鳴大放運動で意見をしたことがあだとなって右派分子にされ、逮捕されたときの様子である。

「公安当局は私を反革命の現行犯の嫌疑で逮捕し、大連の嶺前監獄に押送した。昼となく夜となくぶっ通しの尋問があり、証拠がないままにただ私を甘井子区の公安分局に送っただけだった。ところがその尋問課長の警察官は、手錠やけん銃など供述を迫る卑劣な手段を用い、殴り殺さんばかりにして「自白」を強要した。あげくに、私を強姦未遂、恐喝窃盗の罪名で法廷に押し込み、判決は懲役九年であった。

このようにして、私は心定まらず、悲しみにくれ、満身の憤恨を抱いたまま監獄へ送られた。ここから悲惨な壮年時代に入る。私は無実の罪を着せられた人間だったので、労働改造の監獄大隊でも管理や教育に従わなかった。このため私は少なからぬ苦痛をなめた。」

（劉・二〇〇六：一二五）

劉氏は、九年の刑期を満期で終え、一九六六年に出獄した。その後は、セメント工場で勤務する。その翌年の一九六七年、文化大革命の波が押し寄せた。文化大革命のときの様子を、劉氏は次のように語っている。

「この運動に参加する機会もなく、まして釈放されたばかりの犯罪人だったので、人びとは私を歓迎せず、受け入れもしなかった。しかも私は右派分子の帽子を被せられており、行動に制限を受けていた。（中略）紅衛兵らは、毎日、毛主席語録を手にかざしながら私の家にやってきた。家中全部が下郷して農民のなかにはいり、「農民大衆に再教育を受けよ」という語録のスローガンを声高に叫んでは、農村に行って住め、さもなければ必ず打撃し処分するぞと脅迫するのだ。妻は何らなすすべがなかった。右派分子の家族は、基本的には反革命の家族と異ならず、処分に従わなかったり、政府に反抗すれば結末は想像するだに恐ろしい。こうして私は街道事務所から一方的に解雇されて職を失い、下放を待つばかりの運命となった。」

（劉・二〇〇六：一四二）

文化大革命のころの劉氏には、次から次へと災難が降りかかっていた。その後、文化大革命が終結して迫害を恐れる必要がなくなっても、「現在、私は突出飛躍し発展する中国に生活していて、しかし私には華やかで幸せな老年はない。」（劉・二〇〇六：一五六―一五七）と結ぶ劉氏の言葉には、中国社会のなかで孤立した苦労や将来に対する絶望感がにじみ出ている。

一方で、この本の「終章」は、「忘れえぬ同窓会」というサブタイトルがつけられており、二〇〇〇年代に入って開催された南山国民学校の同窓会の様子が描かれている。数十年ぶりに再会した日本人同窓生と旧交を温め、楽しい時間を過ごしたことが、淡い初恋の思い出とともに記されている。この「終章」は、とてもきれいな思い出としてまとめられており、日本人の同窓生を読者として想定して書かれたことも考慮に入れる必要があるだろう。そのうえで、「華やかで幸せな老年はない」と劉氏が言い切るように過酷な経験を重ねてきた戦後生活とは対照的に、日本人同窓生との交流が劉氏にとってささやかな幸せな時間として記憶されていることも指摘できよう。

劉氏がこの同窓会に参加することになった背景には、日本人同窓生による劉氏の「捜索」があった。そのことが、田所氏の「訳者あとがき」に書かれている。

「ほんとうに身一つで引揚げた人びとは、縁故をたどって各地に散り散りにわかれ、それぞれ生きる道を探るほかなかった。したがって、同窓の集まりは、まったくの手探り、手作りで積み上げられた。私たちの場合は、同級ごと、同学年ごとに小さな集まりができ、かすかな手がかりをもとに「引揚」以後の消息をたどり、連絡を取り合うという労力の積み重ねだった。長い時間がかかり、同窓生の名簿も作られるようにはなったが、「消息不明者」の欄にたくさんの名前が並ぶのも仕方のないことだった。その過程で、幾人かの同級生が、実は日本名を付けた朝鮮人であったこともはじめてわかってきた。かれらの実名はいまだに知れず、日本人名だけが消息不明者の欄にとどまっている。劉鴻運の名も、何十年もの間、その欄にあった。」（劉・二〇〇六：一四一）

日本人同窓生のあいだでは、戦後すぐから劉氏を探してきたようだが、戦後の混乱や文化大革命によって、その消息はずっと不明のままだった。一九九〇年代に入ってようやく消息がつかめ、同窓会で再会することが可能になったのである。そして「消息不明者」には、中国人同窓生にとどまらず、「幾人かの同級生は朝鮮人だったこともはじめてわかってきた」というように、創氏改名を受けた朝鮮人同窓生も含まれていた。これまでにも述べてきたように、同窓会のおもな活動の一つに「同窓会名簿」の作成があるが、名簿作成作業を通して日本人同窓生がはじめて母校の植民地状況を知ることも少なくなかった。

劉鴻運氏の回想録は、非常に個人的な記憶によって構成されていた。それは、「国家への貢献」や「中日友好」の過程を描く劉徳有氏らの回想録とは大きく異なっている。劉鴻運氏の回想録には、国家のマスターナラティブに寄り添うような記述は見られない。国家を批判するような記述はないものの、一定の距離を保つ姿勢があらわれている。劉鴻運氏は、Ⅳ章で述べたような「大連中日友好学友会」の活動にも参加していないし、大連会との関係性もない。劉鴻運氏は一九九〇年代まで「消息不明者」であり、「中日友好」の架け橋となってきた著名な中国人同窓生とは立場が大きく異なっている。ここで確認しておきたいことは、こうした中国人同窓生同士での差異である。本書でこれまで見てきたように、「中日友好」に寄与し、「国家の発展」に貢献してきた中国人同窓生もいる一方で、「消息不明者」状態だった中国人同窓生もいた。どれほどの数の中国人同窓生が、いまだ「消息不明者」かわからないが、自らの意思で「消息不明者」のままであったり、あえて同窓会に参加しない人びとも少なくないだろう。そして、日本人同窓生が、同窓会名簿を作成する過程で劉氏を「発見」し、はじめて母校の植民地状況を知ったように、日本人と中国人、そして中国人同士のあいだにも差異が存在することが確認できるだろう。

「たうんまっぷ大連」のなかの記憶

大連の記憶を残す行為は、回想記を刊行するだけではない。戦前の大連の記憶地図をつくった人びともいた。その地図が「たうんまっぷ大連」である。「たうんまっぷ大連」は、日本人同窓生A氏と中国人同窓生B氏が中心となって、同窓会で同窓生の記憶を収集しながら作成されていった。

「たうんまっぷ大連」は、一九七二年から一九九九年にかけて作成された。対象となる復元時代は一九三八年（昭和十三年）から一九四〇年（昭和十五年）当時の大連である。日本人同窓生A氏によれば「この時代の大連が一番華やかだった」ようで、それゆえ復元の対象時期になったという。「たうんまっぷ大連」は、一九三八年（昭和十三年）から一九四〇年（昭和十五年）頃の大連を描いた「たうんまっぷ大連」と、一九九七年から一九九九年までの現在の大連を描いた「たうんまっぷ大連　現況図」の二枚組で構成されている。初版が出版されたのが一九八八年で、その後一九九九年までに五版刷られた。価格は初版が千五百円、第二版、三版が二千円、第四版、五版は三千円であったが、いずれも一般書店などでは販売されず、おもに同窓会で売られていた。

この試みの特徴は以下の四点にある。①一九三八年から一九四〇年の大連が、時間を経て一九七〇年代以降に記されていること、②地図は旧大連住民の人びとの記憶をもとに作成され、地図が完成後も集められた記憶をもとに改定されていること、③地図は二枚あり、戦前と現在の大連が対比されていること、④日本人同窓生と中国人同窓生が協力して地図作成に携わっていることである。

なお本章で引用する証言は、これまでのフィールド調査によって得られた日本人同窓生A氏と中国人同窓生張有萱氏の証言に依拠している。筆者は、中国の大連市では、二〇〇四年七月から二〇〇七年七月までの三年間で六回の調査を実施した。六回の大連調査ではおもにインタビューと資料収集が目的であった。中国人同窓生B氏には、大連で四回お会いし、お話をうかがった。

日本国内では日本人同窓生A氏の住む福岡市で四回にわたって調査を実施したが、日本人同窓生A氏へのインタビュー調査は一度だけである。二〇〇四年三月にインタビューを実施したのだが、同年九月にA氏は肺がんで亡くなられてしまう。享年七十八歳であった。その後、A氏の残された資料の整理をご遺族から任されて、A氏の自宅を二〇〇五年八月から二〇〇六年二月までに三回訪れた。A氏の蔵書のデータベース化、資料整理を主に行いながら、遺族の方にもお話をうかがった。

日本人同窓生A氏と中国人同窓生B氏

二〇〇四年三月十五日、筆者はA氏と福岡県博多市で初めて会った。待ち合わせ場所の福岡駅前の都ホテル内で待つと、程なくA氏がいらっしゃった。紺地のスーツ姿にカバンをひとつ携えて、小柄な体格であるが、しっかりとした足取りで現れたA氏は、当時七十八歳であった。年齢を感じさせないはっきりとした口調で、理路整然とした語りが印象的な方であった。

A氏は一九二六年（大正十五年）、中国東北部の都市・奉天（現・瀋陽）に生まれた。奉天の幼稚園を出た後、一九三二年に大連に家族で移住した。家族は大連市中心部からやや西の日本人街に住んでいた。A氏の父親は警察官に剣道を教えることを職業としていた。家には中国人の使用人がおり、「正月には馬車で初詣に出かけていた」というA氏家族の生活水準は、全体的に裕福な大連在住の日本人としては平均レベルであったそうである。A氏は八人兄弟の末子で長兄とは十五歳離れている。長兄は満鉄社員として鉄道部に勤めており、大連、奉天などの駅で駅員をしていた。長兄は戦前期にすでに所帯を持ち、A氏は長兄家族のもとによく遊びにいったという。

A氏は大連に来てから国民小学校、大連第二中学校に入学・卒業する。卒業後は一九四五年に関東軍に入隊し二十一歳で関東軍軍人として終戦を迎える。A氏にとって思春期を過ごした中学時代が一番思い出深いという。終戦後二年が経過した一九四七年に、母親の故郷であった福岡に引き上げることで初めて日本の地を踏んだ。A氏は大連で十五年間生活した。

帰国後いくつかの職を経験し、最終的に新聞社に就職する。以後一九七八年に定年退職するまで勤務し、退職後に大連を約二十年ぶりに訪ねたことを契機に「たうんまっぷ大連」を作りはじめた。一九九九年まで「たうんまっぷ大連」を作り続け、それ以降も一人でさらに詳細な地図を作成していたが、二〇〇四年九月肺ガンで亡くなられた。享年七十八歳であった。

生前、筆者に対して「大連はふるさとですから。国は違うけどね、いつまでも私にはふるさとですよ」と、懐かしそうに目を細めながら繰り返していたA氏の姿が、今はとても懐かしい。A氏は大連を「異国のふるさと」と呼んだ。A氏にとって大連は、地理的距離だけでなく、政治状況によって禁じられたふるさとであった。

一方中国人B氏は、物静かで丁寧な語り口調をする方で、私と話すときは常に日本語で話される。訛りのないきれいな標準語である。B氏は植民地時代の高水準の日本語教育をうけており、戦後の大連で、日本語教育をする立場にあった。

中国人B氏は一九三〇年（昭和五年）、韓国のソウル（当時日本領・京城）に生まれた。A氏よりも四歳若い。B氏の生まれた一九三〇年とは満洲事変の前年であり、日本が武力による大陸進出を本格化させた時期であった。そして一九三二年に「満洲国」が建国される。B氏が生まれたのはそういう時期であった。

B氏は三人兄妹の長男で妹が二人おり、ご両親は朝鮮人であった。B氏が七歳のとき、一九三七年に家族みんなで大連に移住してきた。B氏の家は日本人街にあり、創氏改名は小学校に上がる前になされていて、学校の名簿の名前は日本名で記されていた。つまり大連にやってきたとき、B氏は日本人であった。移住後B氏は日本人として国民小学校、大連第二中学校に通う。大連第二中学校はA氏と同じ中学校である。しかし両者は年齢が離れているため中学時代に二人が直接出会うことはなかった。

B氏は小学校に入る前、一年かけて日本語を勉強し、小学校に入学する。そして中学在学中に終戦を迎える。終戦時はまだ日本人であったB氏は当時の複雑な心境を次のように語っている。「日本の敗戦と同時に、我が家の者も「国籍を奪われた」無国籍の浪人になり、満洲の荒野に放り出された。ソ連兵の進入を防ぐために玄関のドアに貼った韓国の旗印のみが韓国人であることを表明していた。（中略）そして日本人の引き揚げ。お世話になった方々や同窓生が大連からいなくなると、まったく置いてきぼりにされたような心境だった。親友たちが残してくれた連絡先の住所だけが心頼みとなった」という。

戦後ほどなく中国籍を取得し、中国人として大学に進学、国営企業に就職する。その後大躍進するも、人民公社、文化大革命といった政治運動の波にもまれ、数々の過酷な体験を強いられた。七〇年代後半ころから、日本と中国の事情をよく知る方として通訳の仕事に携わるうちに、日本語学部教授として大連市内の大学に迎えられ、一九九〇年まで在職する。退官後も民間人として日中友好の架け橋としてご活躍されており、大連日中友好学友会理事も務められている。筆者とA氏が出会ったのはこの頃であった。同じ大連第二中学校の同窓生の紹介によって、A氏と張有萱氏は戦後五十年経過した後、初めて知り合うことになる。同じ中学の同窓生として、気の合う仲間として、二人の親交は深まり、A氏と共に地図を作成することになる。大連在住のB氏は特に「たうんまっぷ大連　現況図」の制作を担当した。

B氏の半生はまるで、中国大陸、朝鮮半島、日本列島をめぐる近代以降東アジアの歴史の縮図のようだ。B氏の静かな語り口調も、こうした複雑な半生に裏打ちされているように感じられる。ご自身も大連での生活を振り返って「大連での六十五年の生活は、紆余曲折だったが、そのおかげで時勢を冷静に見、物事を客観視する余裕が持てるようになった」とおっしゃるほど、数多くのさまざまな体験をされた方である。

A氏の兄

「たうんまっぷ大連」つくりは、まずA氏個人による地図作りから始まった。きっかけは一九七八年に、A氏が約二十年ぶりに〝ふるさと大連〟を訪れたことにさかのぼる。一九七八年十月に日中平和条約が締結され、これにより日本人が再び中国を訪ねることができるようになった。

「昔のまま残ってるんですよ。まったく自分が住んでいたところがね。学校もそのままだった。まるでタイムスリップしたみたいだったね。」

大連が昔の姿をとどめていたことが、A氏を再び大連にひきつけた。二十年ぶりに再訪した大連で、A氏がまず向かった先は戦前の自宅と、青春期を過ごした大連第二中学校であった。それらがそのまま残っていたことが何よりうれしかったとA氏は語っている。一九四五年の終戦以降、鄧小平によって改革開放政策が始められる八〇年代までの中国は、国共内戦や文化大革命によって国内経済が停滞していたため都市を作りかえることができず、植民地時代の建物をそのまま利用していた。したがってA氏は引揚げる前の大連の風景をそこに見ていたのである。

その五年後の一九八三年、A氏は定年を迎え、十九歳離れたA氏の長兄が喜寿を迎えたこともあり、二人は博多港から船に乗り大連に旅立った。A氏の長兄は旧満鉄の社員で、主に鉄道業務や貨物の仕事をしていた。A氏以上に長く大連に住んでいたこともあり、二人で大連を再び訪れることが長年の夢であった。

三日間の航海の後、大連港に到着した二人の兄弟が見たものは、見違えるほど整備され都市化されていた大連の姿であった。すでに友好広場（旧西広場）には十四階建ての高層建築が完成間近で、大連埠頭には新しい待合所ができており、日本人住宅地であった南山山麓には高層マンションが林立しているなど、五年のあいだに大連は激変していた。それでも植民地期の建物が以前のまま残されている場所もまだ多く、そのなかでも兄弟が感激したのが、大連一の繁華街である天津街（旧浪速町）と中山広場（旧大広場）であった。特にA氏の長兄は所帯を持つ社会人だったので、繁華街・旧浪速町の思い出はひとしおであったという。

帰国後も二人は思い出を語らいながら、昔の町並みを地図に書いていくことをはじめた。こうして旧大連の地図作りは、急速に都市再開発が進行しはじめた大連のなかの、消えてゆく過去、いまだ残っている過去の思い出を綴る個人的営みとしてはじまった。

地図作りは大連の中心部に位置する繁華街を書くところから始められる。一九八三年のことである。思い出の場所を記すことがこの地図を作る目的であった。したがってこの地図の情報は記憶をたよりとしたものであった。個人的に楽しむための記憶地図として、自分たちにゆかりのある場所を選んで記述していった。

記憶の集まる同窓会

次第にA氏兄弟の地図つくりは友人たちの注目を集めるようになってゆく。A氏の長兄が商業学校の卒業生であることから、同窓生に繁華街の商店の子弟が多く、この人たちから更なる情報が集まるようになる。そのとき集められた情報は都心部の繁華街に集中しており、こうして次第に繁華街の詳細地図ができあがってゆく。

大連出身の同窓会は活動が非常にさかんで、小学校、中学校、高校、各会社などさまざまな集団で定期的に会が催されている。特に国交が回復してからは、同窓会内で大連ツアーを組んで再訪する人びとが増えていった。A氏もその一人で、大連第二中学校の同窓会「となかい」「晨光」をはじめとして、昭和製鋼所技術員養成所第六期生会「技養会」[82]、大連常盤小学校「常盤会」、大連引揚者最大の同窓会「大連会」など複数の同窓会に参加し、地図つくりを活発に行なっていた。

この情報源のなかで特に貴重だったのが女学校の同窓会であった。A氏の遺品のなかに、『大連中心部　復元図作成の経過』と書かれたファイルがあった。ここには、女学校の同窓会から寄せられたさまざまな記憶が保存されている。A氏の奥さんの話によると、筆跡からこのファイルを整理していたのはA氏の長兄であるという。ファイルされているのは、A氏兄弟がつくった地図を同窓会で配ったものが、無数の書き込みを経て戻ってきたものである。ファイルを開けると、「主な協力者」として二十名ほどの女性の名前がしるされており、名前の下には卒業女学校の名前がある。「弥生」「羽衣」が多い。「弥生」とは「弥生高女」で、「羽衣」とは「羽衣高女」である。女学校の同窓会から寄せられる記憶・証言はかなり熱のこもったものであった。彼女たちにとって四十年ぶりに大連の町並みを思い出す作業は非常に楽しいものであったらしく、ファイルに保存されているのは地図だけでなく、一緒に添えられた手紙もあった。

そこには、「大連の町並みをあれこれ思い起こし、しばらく郷愁にふけりました。」といった感想がしるされている。当時のことを振り返ってA氏は次のように話してくれた。「旧大連地図を拡張するには「記憶」が頼りだったので女学校の同窓会は非常に助けになりました。彼女たちは良く覚えているんですよね。あそこのアンミツがおいしかっただとか、あそこの店によく手芸の材料を買いにいったとかね。」

女学校の同窓会が地図作りには欠かせない情報源であった。こうして多くの情報が一気に入ってくると同時に、「情報がどんどん集まってきたのだけど、やはり「記憶」であり、情報が錯綜して整理するのが大変になった」という弊害も生じ始めた。次第に中心部の繁華街が地図上で再現されてゆき、改訂のたびにコピーしてそれを友人たちに配り、喜び合っていたという。こうした作業は二年ほど続き、徐々に地図は拡大し一九八五年にはかなり大きなものとなった。A氏兄弟の地図つくりは、同窓会の記憶をとりこみながら、大連中心部を詳細に描くことでいったん完成する。

同窓会の記憶がつぎつぎと記入されてゆくことで、地図は構築されていった。けれども、A氏兄弟にしても、記憶情報をよせた人びとにしても、すべての出来事を把握しているわけではなく、また、すべての人が地図に書き込まれた場所を体験しているわけでもない。それぞれの記憶が持ち寄られることで、大連の輪郭が構築され地図が作成されていった。たとえば、A氏はアンミツ屋や手芸屋にいったことはなかったが、さまざまな人びとの生活の記憶が大連の記憶としてひとくくりにされることで、A氏の個人的記憶にない出来事も、地図のなかでは大連の記憶として体験されていく。このような事態は、集合的記憶が個人的記憶を規定している例である。同窓会に参加するメンバーは、個人的に体験していないことがらも、会に参加することで自身が当時体験していない大連を疑似体験することができ、それがやがて個人的体験へと変化してゆく。同窓会の記憶を吸収したこの地図つくりは、日本人の側から見た、植民地都市大連の疑似体験の場であった。

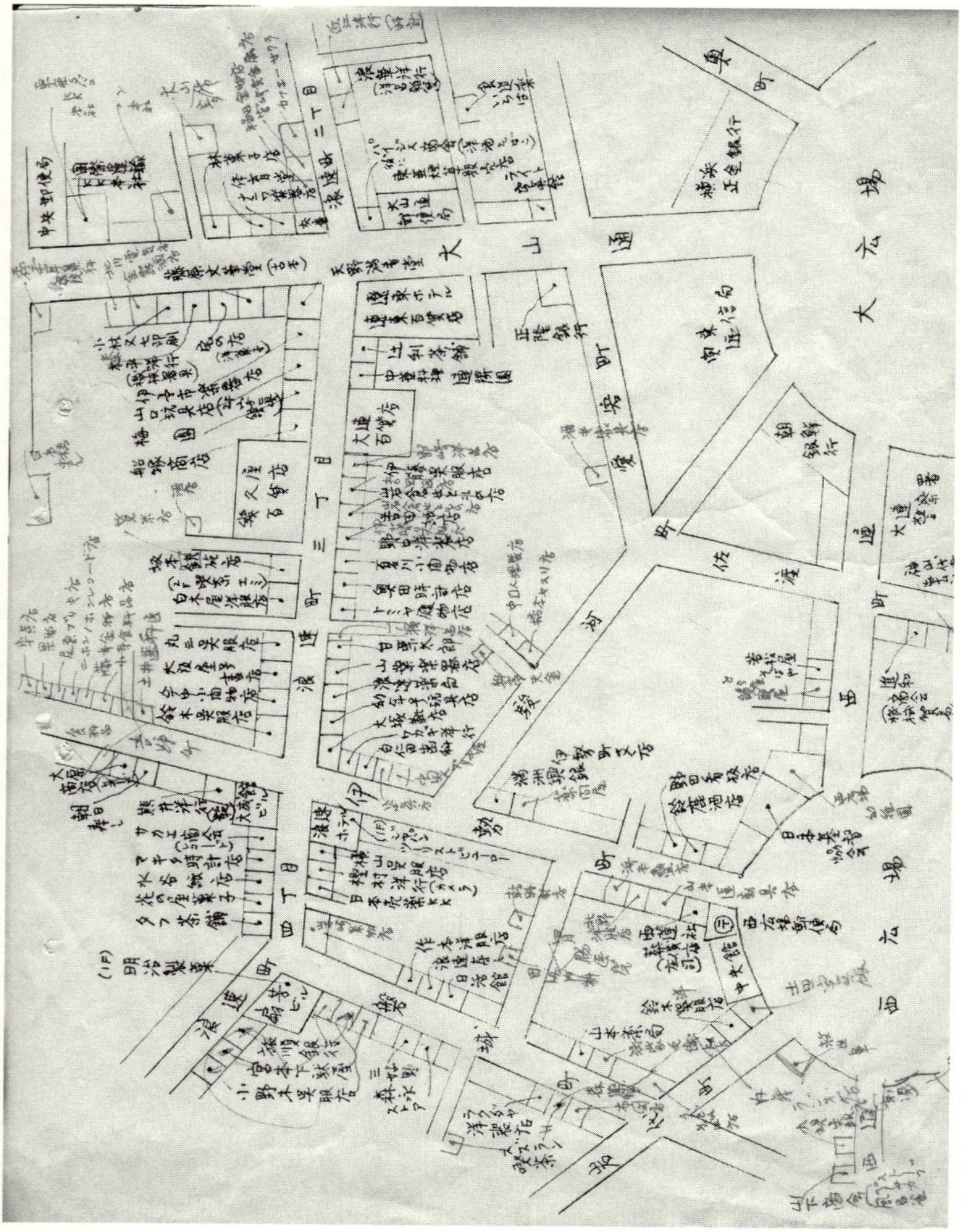

作成中の「たうんまっぷ大連」（1986年ころ）。同窓会に地図をもっていくと、どんどん記憶が書き込まれていった。場所は、大連中心地の浪速町から伊勢町を抜けて西広場に至るあたり（筆者所蔵）。

三通の手紙

兄弟の個人的営みがだんだんと他の同窓生の興味をそそるようになり、それに伴い同窓会との結びつきから集合的記憶が構築されるようになる。ほどなくして、A氏の母校・大連第二中学校の先輩であるE氏（故人）という人物が興味を抱き、「自分もこういうものが作りたかった」と一緒に地図をつくることを申し入れられた。一九八六年のことである。

A氏とE氏は同じ中学の同窓生であったが当時において面識がなかった。A氏が福岡に引揚げたのに対して、戦後、E氏は東京で暮らしていた。A氏とE氏の出会いがこの地図をより大きな地図「たうんまっぷ大連」にする転機となった。A氏たちが大連の中心部を詳細に描いてきたのに対し、E氏はより大きな範囲の大連を描くことを想定していた。「たうんまっぷ大連」製作のはじまりともいえるこの転機とはいかなるものであったかを、二人の間で交わされた手紙を頼りに探ってゆく。なお、E氏は筆者が調査を始めたころにはすでに亡くなられており、直接お会いすることはできなかった。ここで登場するのは手紙の内容と、A氏による回想である。

A氏の自宅で遺品の整理をしているとき、E氏からA氏へ宛てた手紙を発見した。三通の書簡が保存されていた。すべて一九八七年に届けられた手紙である。この年は「たうんまっぷ大連」が発行される一年前である。手紙はどれも「たうんまっぷ大連」を製作するにあたっての決めごとについて書かれている。また、おそらく三通の手紙のほかにもやり取りを交わしているようで、たとえば本章でとりあげる手紙の文面では、一緒に地図を作ることがすでに決定されており、地図の名前を「たうんまっぷ大連」とすることを協議した形跡もない。本章では、これらのことはすでに決定されたものとして、三通の手紙を見てゆく。

手紙① 一九八七年初頭——E氏からA氏への手紙（抜粋）

・範囲―春日町以北、州庁以東。一枚方式とする。連鎖街、浪速町一帯の繁華街、山形通そのほか必要に応じて拡大図を一枚のなかに入れる。

・範囲を右記にしたのは、春日町以北とすると自動的に紙の横長比で州庁（旧関東州庁）迄入る。我々二中卒の者には好都合。

ここでは地図の範囲について意見が述べられているが、これはA氏とE氏の母校である大連第二中学校の校区までを範囲とする提案である。ここには母校を記載する製作者の想いが込められていることがわかる。そして完成した地図では、この提案通りの範囲となっている。この範囲は、つまり日本人が生活していた範囲であり、中国人たちの生活範囲は記されていない。中心部に近い中国人居留地区は、イラストや詳細図によって隠れてしまっている。

・大きさは四六版原紙。七八八×一〇九一に入る範囲とする。以上すべて「たうんまっぷ新京」の方式を踏襲する。

・貴君の原調査票を拡大していって何とか「新京」（「たうんまっぷ新京」）に見劣りしないものを作りたいものです。

ここでは、「たうんまっぷ大連」には「たうんまっぷ新京」という参考資料があったことが記されている。大連よりも前に新京を舞台に記憶地図が描かれていた。新京は、現在の吉林省都・長春である。長春も満鉄

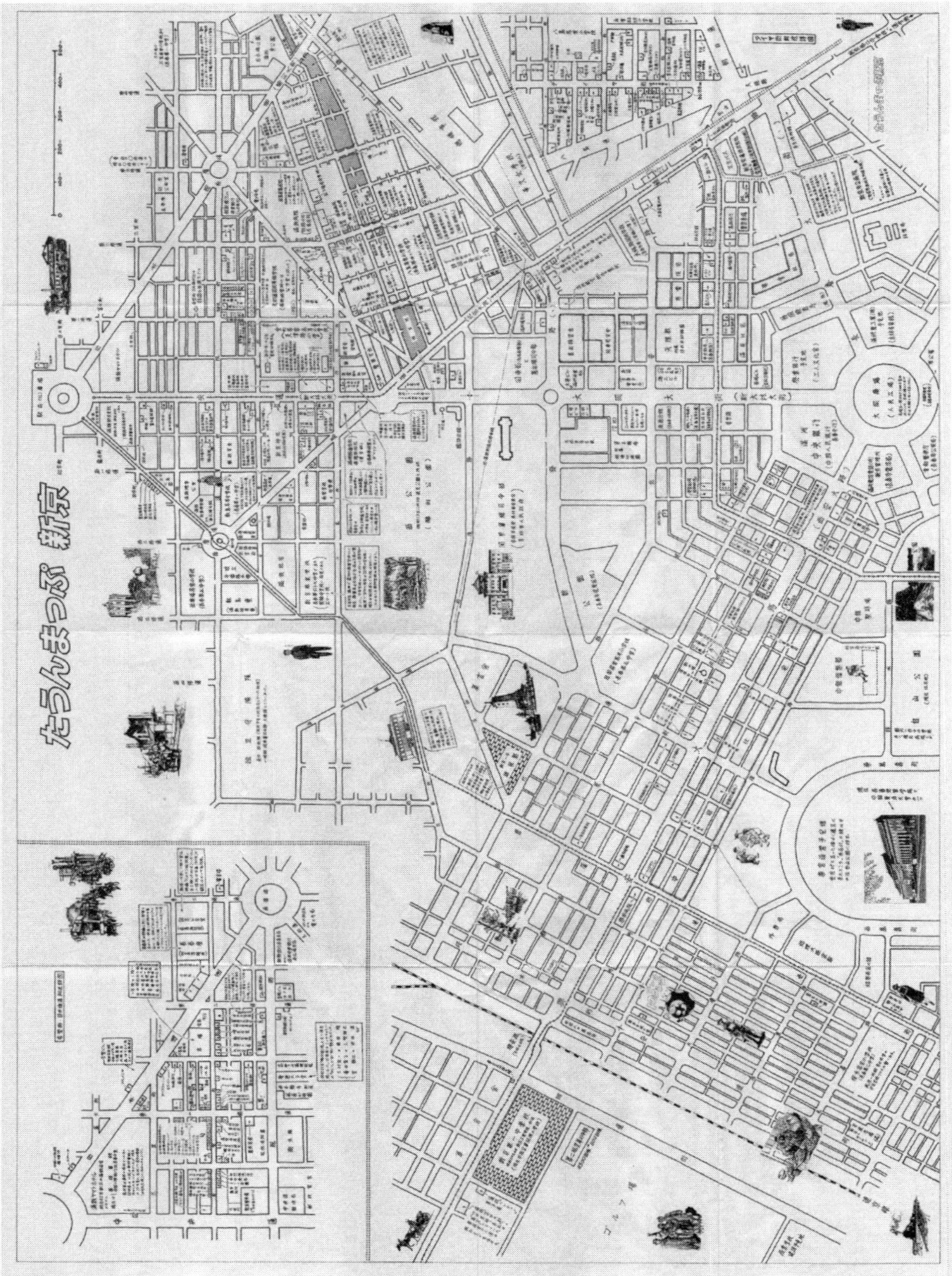

「たうんまっぷ新京」（筆者所蔵）

沿線の都市で、日本が建設した植民地都市である。満洲国が建国されるにともない、満洲国の首都として機能した。大連の都市計画を参考に、いくつもの円形広場を広い街路で結ぶ構造が採用されている。現在でも円形広場を中心にして放射線状に街路が伸びる構造は変わっていない。

この「たうんまっぷ新京」が、A氏の遺品のなかに残されていた。製作者は新京一中の卒業生であるが、「たうんまっぷ新京」をひとめ見ると「たうんまっぷ大連」に非常によく似ていることに気付く。「たんまっぷ」という題字もひらがなであり、地図のサイズも同じで、手書きでかかれ、商店の名前などがびっしりと書き込まれており、イラストが盛り込まれているような手法は、E氏が「「たうんまっぷ新京」の方式を踏襲する」と明言しているとおり、まったく同じである。製作者の息遣いや圧倒的な情熱、「故郷」である新京に対する強い想いが伝わってくる感覚までも共通している。このことから地図の作成の要件は、「たうんまっぷ新京」に依拠しているといえる。

「たうんまっぷ新京」については詳細が不明であるため、だれが、いつ、どのような経緯でこの地図を製作し、その目的は何か、またA氏やE氏はどのようにして入手したのか知ることはできない。しかしA氏やE氏以外にも同じような考えをもつ人びとが確かに存在し、都市は違えども、旧満洲における「都市住民の日本人」にとっての植民地経験は、共感できる出来事として記憶されていることがうかがえる。

植民地経験をもつ日本人であっても、都市と農村では生活環境がまるで異なる。上下水道やセントラル・ヒーティング、舗装道路や各種インフラが完備された植民地都市部の生活は、日本列島の生活水準よりはるかに高く、中国東北部の農村地帯に開拓農民として移住した日本人とは全く異なる生活環境である。生活環境が異なれば当然記憶も違ってくるだろう。

手紙②　一九八七年三月九日――A氏からE氏への手紙（抜粋）

三月九日付けの手紙の内容は、ひきつづき「たうんまっぷ大連」の書式がテーマとなっている。この手紙が書かれる前に、A氏がE氏に「たうんまっぷ大連」の原案を送っているようで、それに対してのE氏の意見が記されている。原案に対してE氏は概ね納得している様子だが、いくつかの部分について以下のようにつづっている。

作図にあたっては「たうんまっぷ大連」では店並びを強調したいので、「たうんまっぷ新京」を参考にされて左記の建築物等の輪郭は消し去った方がよいと思います。

一、埠頭の倉庫群
一、学校や官庁などの建物
一、道路の幅等もいくらか小さめにする
一、電停の表示なども小さくする

できあがった「たうんまっぷ大連」は、このE氏の意見を反映している。埠頭の倉庫群は削除されており、学校等の敷地には名前のみ記載され、道路が小さく描かれている。削除された箇所のかわりに、埠頭倉庫群には埠頭や船のイラストが、学校敷地には校章のイラストが記載され、それに対し路面電車の路線はほとんど記されていない。たとえば埠頭倉庫群は中国人の低賃金労働者が多く働いていた場所で、そこは日本人にはあまりなじみがなかった。一方で、地図には埠頭の倉庫群の箇所には埠頭の待合所のイラストが添付されているように、日本人にとって埠頭の待合所は愛着のある場所であることが伺える。埠頭の待合所は日本人にとって大連港の象徴的な場所であり、引揚げのときに出立した思い出の場所である。

地図の補足以外に、今回の手紙では「電話帳」の発見についての内容が主要テーマとなっている。

光丘会の幹事会で皆さんにお披露目したのでさっそく十三回生の三溝さんから（お父さんは日満商事の社長）、昭和十三年度の大連の電話帳を頂きました。丁度調査時点もそのころが適当と考えていましたので、今電話帳より資料を作り、各街路の家並みを調べて居ります。貴君の作られた店名で電話帳にないものも多く、一気に下調査は核心に持ち込めそうです。

（中略）電話帳には明らかに誤植と思われるものもあり、また同一番地でも表通りか、横丁か、二階かなど、迷うものもあり、水商売では始終代変りして店名の変っているものもあるようで迷わされます。貴君の作製地図の店名でこのリストにないものは、電話帳に載っていないからです。但し、風呂屋には当時電話帳が必要なかったのか、一軒を除いて載って居りません。

昭和十三年度の電話帳にはA氏も喜んでいた。インタビューによるA氏談話である。

「僕らが喜んだのはね、昭和十三年度の電話帳を手に入れたこと。この電話帳を手に入れたこともあり、時期を設定しようということになって、〝大連が一番安定して栄えていた〟昭和十二年から十五年くらいに絞ったんです。」

この電話帳とは大連中央電話局発行『大連電話番号簿　昭和十三年四月一日現在』である。A氏がコピーを自ら製本して大切に保管されていた。五十音順に並ぶ情報は三七〇ページにわたって掲載され、加入者名、電話番号、電話設置場所、職種が記されている。たとえば同窓会で多くの人が記憶していた「喫茶エミ」は、「エミ　江見光男　本局二−五二七二　浪速町一三〇、支店伏見三−四五三〇　羽衣町大連市場、喫茶店」とある。

最初のページ上部には「日本人、欧米人ノ部」と記されている。この電話帳は（広告も含め）すべて日本語で書かれており、日本人を利用者として想定していることがわかる（英語表記は一切ない）。この電話帳が「日本人、欧米人ノ部」であるとするならば、たとえば「中国人、朝鮮人、蒙古人、満洲人ノ部」といった日本人・欧米人以外の人びとを対象とした電話帳も存在しただろう。しかし遺品のなかにはそれらの電話帳はなかった。そもそもA氏やE氏が日本人以外の電話帳に関心を持っていたかは分からないが、両者にとって「日本人、欧米人ノ部」は重要なものであったことは疑いない。

電話帳の発見は、「たうんまっぷ大連」作成に大きな影響をあたえた。同窓会から寄せられた記憶と電話帳を照合することで、より多くの情報を地図に書き込んでいく。一方でE氏が「電話帳には明らかに誤植と思われるものもあり」というように、絶対的に正しい資料として電話帳を捉えているわけではないが、それはあくまで日本人地区の情報が不正確なだけであって、日本人・欧米人以外の人びとについての情報が載っていないという根本的な欠点については触れられていない。

出来事の正確性を示す資料であった電話帳の導入によって、さらに強固な集団の記憶へと制度化されてゆき、より「たしかな」大連の風景が構築されていった。しかし一方で、電話帳そのものへの懐疑がないために、入手した電話帳に記載されていなかった事項については地図に反映されず、結果として日本人に限定された記憶が選択されることとなり、日本人以外の記憶は忘却されてゆくことになる。

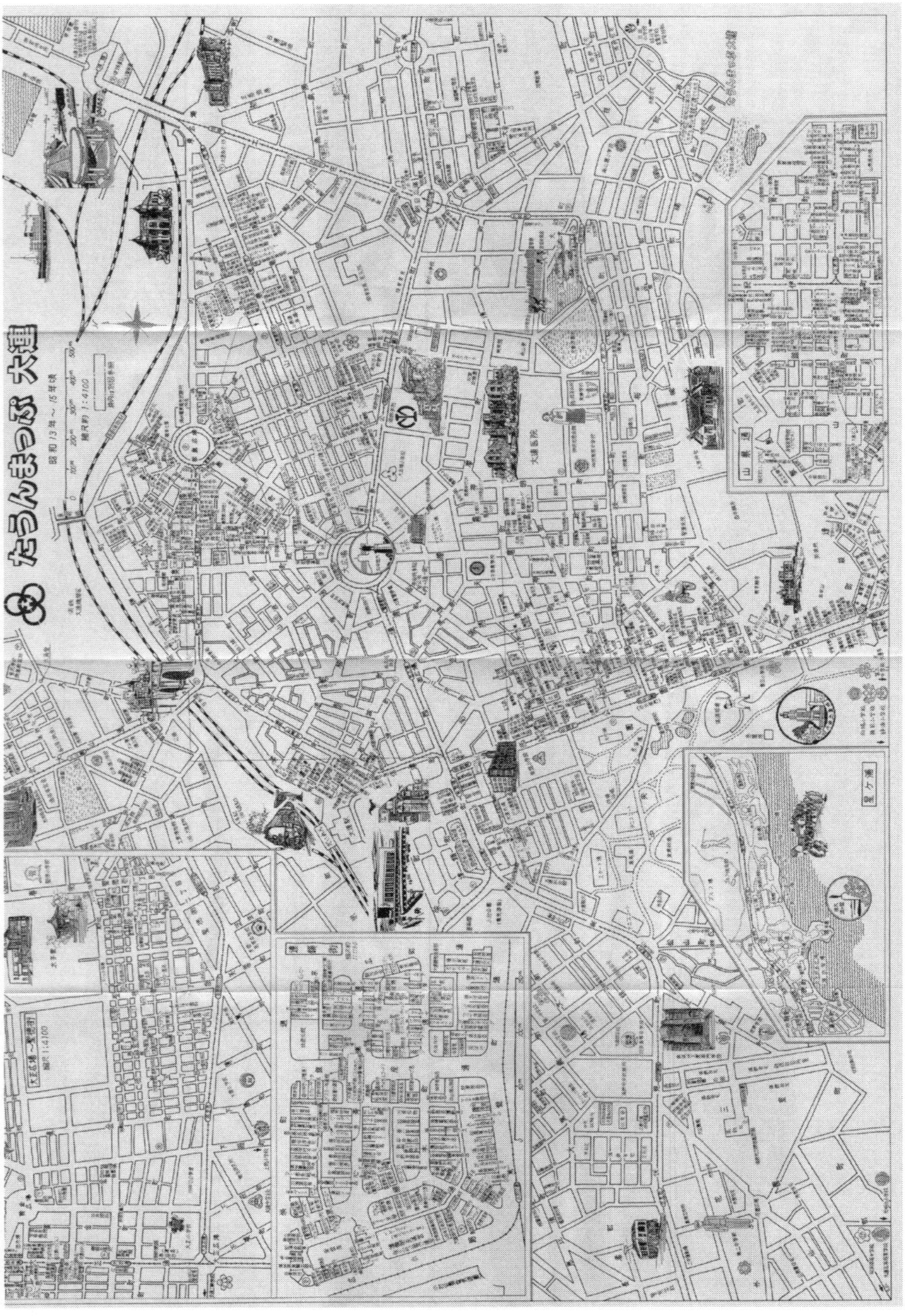

完成した「たうんまっぷ大連」（筆者所蔵）

手紙③　一九八七年四月二十六日——Ｅ氏からＡ氏への手紙（抜粋）

三枚目の手紙は、九州で開催される同窓会にＥ氏が東京から参加することが中心的な話題である。両者はこの時期までにどれだけ会っているかわからないが、軽快な文章から両者の親密な関係がうかがえる。「たうんまっぷ大連」にかんしては、Ｅ氏が同窓会との連携を積極的に進めていたことが記されているにとどまる。

「たうんまっぷ大連」作製のことは光丘会幹事会で発表しましたし、又、大連会会報にも貴君と二人で作製中の旨掲載してもらいましたので、もう後には引けません。

以上のように、Ａ氏兄弟の個人的な作業から始まった記憶地図作りは、「同窓会」を経由しながら、次第に参考にする記憶が限定されてゆく過程であった。「同窓会」での聞き取り、Ｅ氏の参加、「たうんまっぷ新京」、そして「電話帳」の導入により、地図に描かれる範囲は限定され、参考にされる集団の記憶も限定されてゆくことで、より強固な日本人に限定された記憶が集合化されていった。つまり、「たうんまっぷ大連」が形成される過程は、日本人になじみ深い記憶が選択され、そうではない記憶が忘却される過程であるといえる。

「たうんまっぷ大連　現況図」の作成

Ｂ氏の加入

日本人同窓生になじみ深い記憶が散りばめられた「たうんまっぷ大連」は、多くの日本人同窓生の反響を呼び、地図が発行されると、多くの友人や同窓会などからの注文が殺到して、すぐに在庫がなくなってしまうほどの盛況ぶりであった。初版が発行された一九八八年以降、地図を見た人から当時の情報や地図に対する意見も届くようになり、これを参考に訂正・追記して同じ三点セットで第二版を一九八九年に再版し、一九九一年には改訂第三版を発行した。

さて、一九九一年の第三版を発行したころから地図作りは新たな局面を迎えることになる。大連の都市再開発の始まりである。急激な再開発に伴い、「たうんまっぷ大連」だけではその利用価値が半減してきたため、「昔の建物や町並みが現在どうなっているのか」がわかる新しい地図を求める声が地図購入者から沸き起こる。先にも述べたが、一九九〇年代初頭の大連は、鄧小平による改革開放が加速した時期であり、急速な経済成長をとげた時期である。

こうした経緯により、「昔の大連が今どうなっているか」を知ることのできる「たうんまっぷ大連　現況図」が作られることとなった。そこで現地調査を行なったのが、中国人B氏である。一九九四年のことである。E氏がB氏に現地調査を依頼したことから、B氏の地図作りがはじまった。B氏の調査は、ひたすら歩いて現況を調べるというものであった。調査についてB氏は次のように語っている。

「とにかく調査ですから街の東から西にかけて残されている建物を一気に調べ始めました。東の端の大連港からスタートしてね。ところがその時代というのはどんどん街が変わっているときで、今日はこの店だったのが、明日は違う店になってしまうように、変化がとても早いんですよ。だから調整が追いつかずに苦労しました。でも私には結構なトレーニングになりましたけどね（笑）」

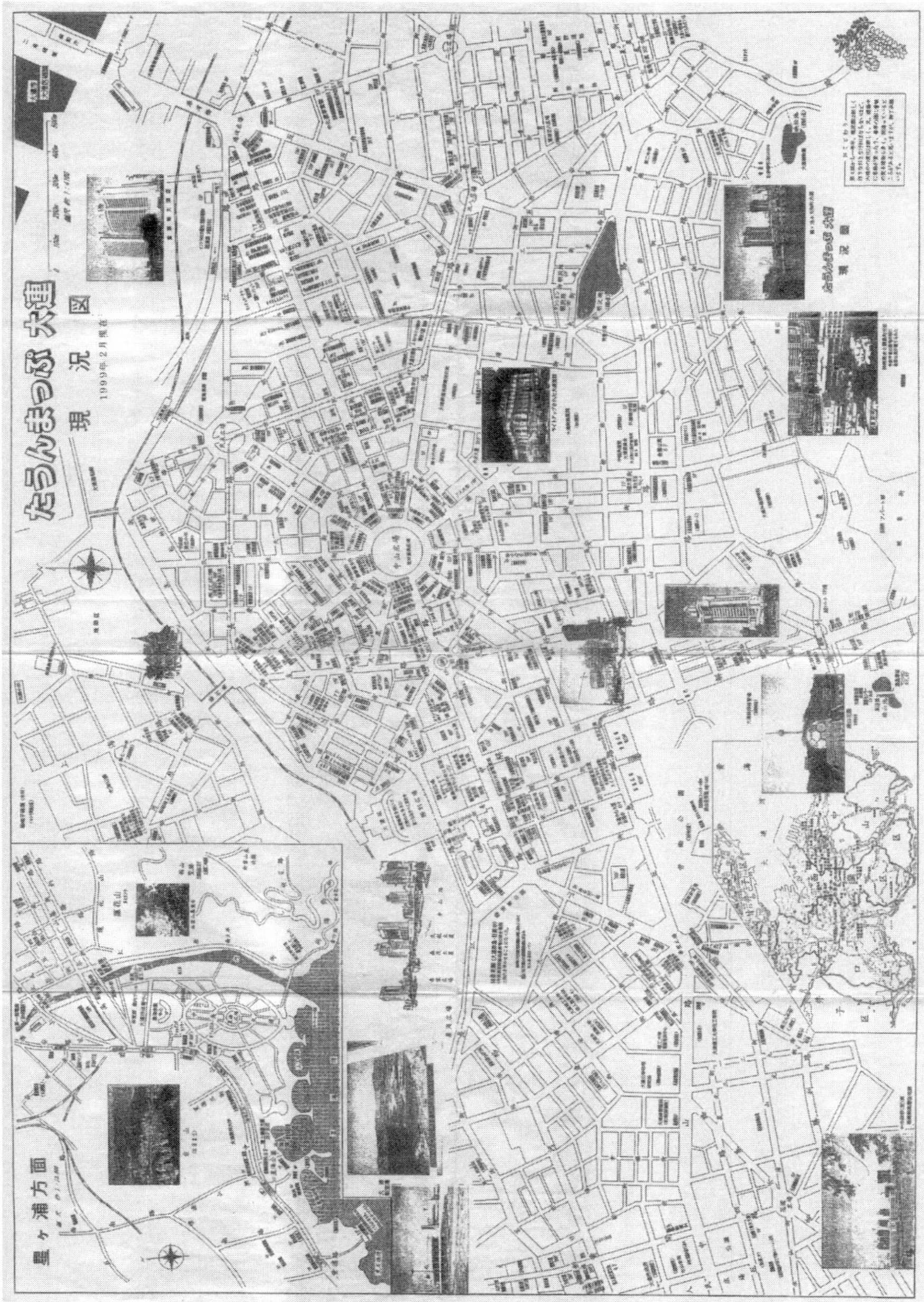

「たうんまっぷ大連　現況図」（筆者所蔵）

B氏の行なった調査は、毎日ノートをもって街を歩き、「過去の建物が今どうなっているか」をしらみつぶしに調べ続けるという地道な作業であった。

また、B氏はA氏とも共同で調査を行なっている。A氏は一年に数回大連を訪れていたが、その度にB氏の日々の街歩きの調査に同行していた。こうした二人の作業は、大連で発行されている日本人向けフリーペーパー『Dalian walker』に取り上げられた。これには二人が並んで写った写真が掲載され、二人は「たうんまっぷ大連」の作成について取材を受けている。都市景観の変化が著しい大連では、調査を進めるのも容易ではない。かつての小さな店舗が路地裏にも無数に存在していたが、今では区画整理されてしまい、かつてあった店舗が消失されているばかりでなく、路地さえもなくなっているケースも少なくなく、当時の区画には巨大なビルがそびえたつこともあった。

二年あまりの調査をへて、一九九七年の第四版「たうんまっぷ大連」から「たうんまっぷ大連　現況図」が添えられて発行された。「たうんまっぷ大連　現況図」は、「たうんまっぷ大連」と同縮尺で記され、新旧大連を対比してみることができるようになっている。第四版の出版後、「たうんまっぷ大連」も「たうんまっぷ大連　現況図」も、これまでと同様に地図購入者から意見が寄せられ、二年後の一九九九年に、第五版としてそれぞれの改訂版が発行されることになった。しかし、このときすでに再開発のスピードに調査が追いつかなくなり、地図には書ききれないほど大連の景観変化が起こっており、また制作者の高齢化も一因となり、この第五版をもって終刊となった。また一九九九年にE氏が亡くなられたことも終刊の大きな要因としてあった。

忘却された記憶の発掘作業

Ｂ氏主導による「たうんまっぷ大連　現況図」を眺めていると、「たうんまっぷ大連」には載っていない場所があることにきづく。それは中国人街である。「たうんまっぷ大連」には多くのイラストが書き込まれており、彩りも豊かで当時の面影をしのばせているが、同時に地図上にイラストが記されることで、その土地はイラストの陰に隠れてしまうことになる。欄外ではなく、地図上にイラストを書き込むことの恣意性がどれほどのものかはわからないが、イラストはすでに初版から書き込まれており、購入者からの意見を取り入れて改訂を重ねるなかで、イラストの位置がずらされたり、削除されたりすることはなかった。つまり、イラストに隠れた部分は、日本人の記憶にとどまっていない場所、日本人にゆかりのない場所であるといえる。

Ｂ氏はなぜこの中国人街を書き加えたのだろうか。それは、その場所にＢ氏の戦前の自宅があったからである。とはいえＢ氏の自宅は中国人街にあったのではない。日本人街のもっとも端の、中国人街に隣接する場所にあった。Ｂ氏の自宅前の大通りをはさんでその向かい側には中国人街が広がっていた。そのためイラストに隠されてしまっていたのである。多くの日本人が、かつて自分が住んでいた場所を地図に残そうとしたように、Ｂ氏にとってもかつての自宅が思い出深い場所であったことは容易に推測できる。ただ、Ｂ氏のそれは、日本人同窓生が懐かしさとともに旧宅を回想することとは違っていた。Ｂ氏は自宅周辺の生活風景を次のように語っている。

「私はソウルの街はずれで育ったからか、大連のすべて、特に中国人の風物、生活様式などが物珍しかった。我が家は日本人住宅地にあったが、大通りを隔てた向こう側は中国人街となっていた。中国人の新婦を迎える婚礼の行列や、葬儀の出棺の長蛇の列が我が家の前を通る。よく二階からながめていた。

好奇心の強い私は、ひとりでよく中国人街へ見物に行った。そこで見るもの聞くもの、すべてが珍しく異様で心が引かれる思いだった。」

日本人の多くは中国人街に足を踏み入れなかったが、好奇心の強いB氏はよく見物にいったという。大連の中国人の多くは山東省からの移住民が多く、大連の方言には山東訛りがあるといわれているが、この中国人街も移住民たちの集住地区であった。B氏は自宅前で展開する中国人の日常生活に触れ、日々繰り広げられる婚礼や葬儀などの民族的な儀礼行為を眺めていたことで、日本人街にあったかつての自宅を中国人街とセットで記憶していた。

「旧暦の年の暮れになると、年越しの品を買う人で中国人街はいっそう賑わう。（中略）朝鮮人の家庭も旧正月に重きを置くため、中国人と同じように楽しく過ごす。しかし我が家は新年も同様に祝うのだった。中国の自然風物や中国人の生活風俗といったものを観察し体験して中国文化を少しずつ理解するようになったことは、後の人生に大きく影響するようだった。（中略）幼いころに中国人の生活習慣や習俗を観察してきたことが中国人としての生活に溶け入ることに役立った。」（B氏手記より）

B氏の家の文化は、両親が朝鮮人であるため朝鮮文化をベースとし、そこに日本式の生活様式が加わったものであった。また、自らの複雑な出自に自覚的であったB氏にとって、山東省から大連に移り住んだ中国人は自分と関係のない存在ではなく、だからといって「日本人」である自分と積極的に関わる対象でもなかった。B氏の語りから、朝鮮、日本、中国のいずれにも属しつつも、いずれにも属さず、いつも窓の外に広がる風景として眺めているB氏の視点が見えてくる。

B氏の自宅が日本人街と中国人街のはざまにあったということは示唆的である。朝鮮と日本と中国のはざまに立つB氏にとって、国家や民族は決して自明のものではなく、日常生活のあらゆる局面において、再認識せざるを得ないものであった。日本人同窓生がかつての自宅を積極的に地図に残したが、それと同じようにB氏もイラストによって隠されていた自宅を地図に掘り起した。それはB氏にとってその場所が自らの出自や生存を象徴する場所であるからである。

B氏の個人的記憶

しかしながら、B氏は、自宅を含めたエリアが日本人の記憶から忘却されていることに対して、A氏ら日本人同窓生に対し不信感をあらわにすることはない。むしろ両者の関係は親密である。B氏と日本人同窓生の関係性をしめすものとして、B氏とA氏との間で交わされた膨大な往復書簡がある。この往復書簡は、A氏の遺品のなかにあり、一九九七年ころから二〇〇四年までの手紙が、三冊のファイルに整理保管されていた。さらに几帳面なA氏は、B氏から届いた手紙だけでなく、A氏自身が書いた手紙もコピーして保管しており、これにより当時の両者のやり取りを窺い知ることができる。

二人は平均して一ヵ月に二度ほどやりとりしており、多いときには四度の手紙を交わしていた。この往復の回数と期間だけでもA氏との親交の深さはみてとれるが、その親密さは文面にもあらわれている。たとえば、一九九九年にE氏が亡くなられた際に、B氏からA氏へ宛てられた手紙である。

「E様とは一九八〇年以来のお付き合いでした。大連をこよなく愛し、大連の変容について特に関心を寄せておられました（中略）この二十年のお付き合いで、E様は私にとって、兄貴、先輩、先生とすべてをくるめた存在でいらっしゃいました。数多くの印象深い思い出や感慨が胸を去来します。」

（一九九九年十月二日）

B氏はE氏を「兄貴、先輩、先生」と慕う。B氏は、E氏の容態が悪くなりはじめてから、何度も東京にいるE氏のもとへ足を運んでいた。この手紙が書かれたのは、E氏が亡くなられてから一ヵ月後くらい経過した時期である。手紙の冒頭では「E氏が亡くなられてからというもの、あらゆることが手につかなかった」と心境を述べている。また、A氏についても、大連に対する情熱に共感していることが記されている。

「A氏が仕上げられた南山麓一帯（日本人が多く住んでいた地域）の地図について拝見しました。丹念にお調べになり、一つ一つお調べになったそのご苦心とご苦労のほどが察せられて頭が下がる思いでした。さすがに、と敬服しています。あらためて自分自身に情熱がみなぎる思いです」

（二〇〇〇年三月二十五日）

B氏は大連を愛するA氏やE氏を慕っていた。それは「ふるさと」である大連を特別な場所として慕う純粋さから生じる思いであり、また同じ学校を卒業した先輩・仲間と慕う純粋さから生じる思いでもあった。戦後半世紀以上が経過しても、B氏にとってA氏やE氏は同窓生であり、仲間であり、信頼できるかけがえのない友人なのである。これらの往復書簡は、そうした深い関係性を示している。

しかし、B氏と日本人同窓生は親密であるが、同時に友人としての日本人同窓生の考えに対しすべて同意し、受け入れているわけではない。たとえば、再開発によって古い街並みが消えてゆく大連の現状に対して、日本人同窓生は「郷愁」からくる寂しさを口にするが、B氏はその日本人の感覚に冷静に反応する。以下は、二〇〇〇年十一月にA氏へ宛てた手紙である。

「大連の思い出多きものが一つ一つ消えてゆくことに一抹の淋しさを感じないことはありませんが、これも大連の発展のためであり仕方のないことでしょう。大連の発展は両手を挙げて歓迎しますが、それでも、あまりにも人工的に手を加えて大連全体が特色を失うことはおそれます。」

（二〇〇〇年十一月二十五日）

この文面には、B氏の大連の変化に対する日本人との温度差が伺える。B氏は現代の大連の生活者である「中国人」であるために、かつての大連住民である日本人と、大連の変化に対する発言が異なるのは当然である。B氏にとって大連は「ノスタルジア」や「郷愁」の場所であるだけでなく、現在の生活の場なのである。

また、終戦直後、「無国籍状態」となったB氏は、当時のことを「なんとも名状しがたいものがこみあげてくる」と語っている。

「学校が閉校となってはじめて日本の敗戦が事実だと納得したが、なんとも名状しがたいものがこみあげてくるのを覚えた。だが同時に、我が家の者も〝国籍を奪われた〟無国籍の浪人に成り、満洲の荒野に放り出された。ソ連兵の進入を防ぐために玄関のドアに貼った韓国の旗印のみが、韓国人であること

を表明している。」(B氏手記より)

多くの中国人が終戦直後は喜びにわき、ソ連軍の進入を歓迎したのに対して、B氏は逆の反応を示す。この反応は日本人と重なる部分があるものの、大連から引揚げることのできた日本人とは決定的に異なり、それは前述した中国人のものとも違う。B氏一家の置かれた境遇は、玄関先の「韓国の旗印」にあらわれており、しかしこの旗印も、ソ連軍の暴力から逃れるための手段であり、韓国人の集団に属しているというわけではない。B氏の戦後はこのような民族や国家を横断することから始まったわけだが、戦後の中国において、B氏が不安定な位置にあることの苦しみは日本人には理解することのできないくらい過酷なものであったことは容易に想像できる。

A氏との往復書簡には、B氏の日本人に対する「親密さ」と「温度差」が同居していた。しかし、日本人以外の民族も暮らしていた戦前期の大連の記憶を忘却し、引揚げ後の中国の事情を知らない日本人にとって、張有萱氏との温度差を共有することはできないであろう。おそらくそのことは張有萱氏も理解していた。そのためB氏は、日本人との温度差を積極的に埋め合わせようとすることはない。自らのつらい経験を日本人に話すことはなく、親密な関係を続けていきたいと願うのは、B氏が日本人と同じ「同窓生」だからであり、それゆえの「配慮」であった。

B氏は、地図作りの過程で自身の旧宅が忘却されていても、日本人に不信感を表わすことはなく、戦前や戦後のつらく過酷な体験を、日本のせいだと日本人にぶつけることはない。これは中国人同窓生に対しても、調査者である筆者に対しても同じであった。同窓生や日本人への配慮といえるB氏の態度は、筆者のインタビュー調査のなかでもよくあらわれていた。

「大連には長い間日本人が統治してきたという歴史があります。そして中国人はそれをそのまま受け継いできています。受け継いでくるときに、大連をどういう都市として認識してきたかが大きな問題です。単なる人が住む港町としてだけではなくて、ロシア時代、日本時代、そしてまたロシア時代と経て、中国の時代を経ている、そんな誰にとっても異国情緒がある街なんです。大連とは、ロシアの街でもない、日本の街でもない、中国の街でもない、異国情緒のある街であるというのが、特色なんです。」

（二〇〇五年五月大連にて）

国家や民族という概念に翻弄されてきたB氏は、自らの体験と重ね合わせるように大連の特徴を「異国情緒」と言いあらわした。「異国情緒」という言葉は、「ノスタルジア」「アカシア」「郷愁」と並んで、日本人の好む大連を表すキーワードであるし、現在の大連市政府が観光のPRに使用する言葉でもある。「異国情緒」には、「大連」が内包する「植民地」や「占領」といった意味を脱色する効果があり、B氏はそのことをよく理解していた。大連を「だれにとっても異国情緒のある街」と表現する背景には、日本人、中国人だけでなく大連に住むもの生活者すべてに対するB氏の配慮があらわれている。

こうした配慮は、B氏が経験してきた過酷な戦後経験の裏返しでもある。B氏は戦前から戦後にかけての七十年にわたる大連生活のなかで、大連がさまざまな統治主体の利害によって収奪され変化してきた歴史を目の当たりにしてきた。B氏本人も、韓国人、日本人、中国人というさまざまなエスニックグループに属しながら社会の変化に翻弄され、さまざまな戦後経験を強いられてきた。B氏の視点は、望む望まざるにかかわらず、過酷な経験のなかで獲得された戦略的で、国家や民族といった領域を横断する視点であった。

これまで、大連の記憶のありようについて、日本人と中国人とのずれについて検証してきた。思い出の場所を記すというA氏兄弟の個人的な記憶の表象からはじまった地図つくりは、同窓会を中心に作成されていき、「ノスタルジア」や「懐かしい」かつての大連が復元されていった。同窓会であつめられた記憶を持ち寄ることで、懐かしい「大連」の輪郭が構築され、集団の記憶としての「たうんまっぷ大連」がうまれてゆく。しかしながら、それは日本人に限定された記憶の集積であり、それ以外の人びとの記憶が忘却される過程でもあった。

本章では、一九八〇年代以降の大連で展開される植民地経験の記憶と忘却について、回想録と地図つくりから分析してきた。ここで確認できたことは、劉鴻運氏とB氏の記憶は、きわめて個人的な記憶によるものであって、国家のマスターナラティブや集合化された同窓会の語りからは少し距離があることがわかる。『アカシアの町に生まれて』でも「たうんまっぷ大連」においても、日本人同窓生の言動や記憶とは対照的で、同時にほかの中国人同窓生の語りとも異なる表象のされかたをしているのである。

終章

戦前中国の日本人学校を卒業した中国人と日本人の、戦前から戦後にかけての交流のなかで、とりわけ、中国人同窓生たちは自分自身の経験をどのように記憶し、表象してきたのかを考察してきた。「反日」や「抗日」を国是として建国しつつも、経済的な「中日友好」文脈も共存する戦後中国社会において、戦前日本人の学校を卒業した中国人同窓生の生活世界は、緊張や葛藤、選択と表象など、時と場合によってさまざまな条件がつきつけられる過酷なものであった。

中国人同窓生の記憶と語りは、大きく二つの傾向に分かれることが確認できよう。ひとつは、「愛国心」や「侵略精神への抵抗」などマスターナラティブに沿う集合化された語りである。Ⅳ章でみた旅順工科大学の中国人同窓会による文集『旅順工科大学　中国同学記念資料集』では、日本人同窓生との個人的な思い出や友情はありつつも、祖国を蹂躙された記憶が強調される傾向にあった。こうした語りは、Ⅲ章の張有萱氏による「被圧迫民族」という語りや、Ⅱ章でみた旅順工科大学興亜寮における中国人学生による「軍国主義の思想教育」への反発や学生寮での日本食の強要など、その語りは多岐にわたる。

これらに連動しているのが、「中日友好」「国家への貢献」という語りである。とりわけ、劉徳有氏や張有萱氏など、戦後社会で活躍した著名人の語りに共通してみられる語りであった。張有萱氏については、旅順二中、旅順工科大学を卒業したのち、延安に向かって八路軍一二九師団で活躍したように、「侵略精神への抵抗」を体現している。その功績により、戦後は要職を歴任していくことになる。劉徳有氏についても、回想録のなかでは大連時代を懐かしむ記述はなく、「侵略精神への抵抗」感を常に感じていたことが強調されている。劉氏や張氏のような、いわば「成功者」の語りには、「愛国心」や「侵略精神への抵抗」をもって日本と対峙し、「中日友好」の精神を国家建設に役立てながら、「国家に貢献」するという文脈が貫かれているといえるだろう。

ただし、裏を返せば、ある種の生存戦略でもあったといえるのではないだろうか。Ⅱ章でみたように、戦前に日本人の学校で学んだ中国人は、漢奸としてみなされてしまうかもしれない不安を抱えた存在でもあり、国家への忠誠と侵略精神への抵抗を宣言することで、自らの立場を安定させる必要があった。張氏については、延安での功績もあり、安定的な社会的立場を得ることができたが、それでもⅢ章でみたように、相田氏との会談のなかで「中国には同窓会はない」「誤解されるようなことはいわないでほしい」と相田氏にくぎを刺していた。日本人同窓生との関係性が誤解されることを恐れていることからも、張氏が日本人との人間関係や自身の経歴を不安視していることがわかるだろう。実際に、張氏は大躍進、文化大革命期において下放を経験している。

中国共産党、国家への忠誠に反することがどのような結果になったかは、Ⅱ章でとりあげたK氏の逃避行に如実にあらわれていた。逃れたK氏は、中国各地を転々とし、数々の選択を迫られながら、二年間の逃亡の末に台湾に到着した。そして、逃避行の代償大きく、大連に残した両親、兄弟が犠牲になった。友人の中国人同窓生のことも裏切ったという贖罪の意識も強く残る結果になってしまう。また、K氏以外にも旅順工科大学を中国人が数名命を落としたという回想もあるように、おそらくほかの中国人同窓生も同様な不安を抱えていたことだろう。確かに、日本人の学校に通ったことは「対日協力」の容疑にはならないが、当事者たちは強い不安を抱え、なんとか生き延びようとあらゆる手段を講じる必要があったと考えられる。張氏や劉氏のように、「愛国心」や「侵略精神への抵抗」を語りつつも、日本人の学校で学んだ日本語能力や工学の技術を戦後中国社会のなかで活かしていくという行動は、そのひとつであるといえよう。

ただし、こうした不安や葛藤を抱えつつ、捻じれたレトリックのなかで張氏は日本人訪中団と対峙したのだが、Ⅲ章でみたように、相田氏の姿勢は無邪気なまでに純粋に「興亜の精神」を唱えて、日中の民間貿易を画策するものであった。前述したように、張氏が「中国には同窓会はない」や「誤解されるようなことはいわないでほしい」という発言と、それに対する応答には、両者の認識のずれが生じていた。もっとも、張氏が一九六一年に訪日した際に、「大躍進の影響で老け込んでいることに驚いた」と感想を述べているように、一定の配慮はあるものの、それでも張氏との隔たりは大きかった。

「愛国心」や「侵略精神への抵抗」、そして、「中日友好」「国家への貢献」という一連の文脈は、文化大革命以後も継続的に表象されている。Ⅳ章における、大連中日友好学友会の活動もその延長戦上にあった。大連中日友好学友会の構成メンバーには、旅順工科大学出身の中国人同窓生も多く含まれていた。そして注目すべきは、大連中日友好学友会には大連市政府の役人も多数参加しており、行政からの資金援助もされていることから、大連中日友好学友会と大連市政府の言説は表裏一体といえる状況であった。結果的に、大連中日友好学友会は、中日貿易の窓口として機能し、一九八〇年代以降の大連と日本の経済交流に大いに寄与することになる。当時の大連市長が名言しているように、大連中日友好学友会は「人的インフラ」であり、その期待値は極めて高かったことがわかる。

このように、戦後中国社会における中国人同窓生の語りの変遷をみると、生存戦略的意識もともないながら戦後中国におけるマスターナラティブに寄り添いつつ、それを中国人同窓生のモデルストーリーとして集合化していく過程を確認することができるだろう。一見すると、「愛国心」や「侵略精神への抵抗」をともないながら「中日友好」を謳う言説は矛盾をはらんでいるようだが、中国人同窓生にとっては自らの出自やアイデンティティを正当化する言説であるといえる。そして、この捻じれ言説は、現在の日中関係においてもみることができるだろう。

一方、もうひとつの傾向は、個人的な記憶の語りである。この傾向があらわれるのは、一九八〇年代、一九九〇年代以降のことであろう。この点については、V章で詳述したように、劉鴻運氏とB氏の語りにあらわれていた。劉氏の言説は、集合化された同窓会の語りとは異なり、「中日友好」「国家への貢献」といった語りは登場しない。もちろん、中国人としての尊厳から「侵略精神への抵抗」については語られるが、それは日本人同窓生とのけんかの思い出であったり、非常に個人的な経験に即すものであった。また、劉氏の語りには国家に対する忠誠を示す言葉はあらわれないが、反対に国家への批判も強くは登場してこない。V章で述べたように、劉氏は大躍進、文化大革命期に迫害を強いられ右派分子として批判された。そして、文革が終結した後もすぐには名誉回復がされなかったことから、国家への批判が述べられてもおかしくないが、しかし劉氏によって語られたのは「将来への絶望」であった。「現在、私は突出飛躍し発展する中国に生活していて、しかし私には華やかで幸せな老年はない。」という劉氏の語りは、中国社会のなかで孤立した苦労がにじみ出ていた。この語りは、戦後中国の発展に貢献してきたもう一人の劉氏である劉徳有氏や、張有萱氏とは対照的である。

もう一人のB氏の語りについては、「愛国心」や「国家への貢献」という語りがほとんどみられない。あえて言うならば、B氏の場合は「大連愛」であり「大連への貢献」といいかえることができるだろうか。朝鮮、日本、中国のあいだで揺らいできたB氏にとって、国家とはあいまいなものであり、自身のアイデンティティを規定するような価値観ではなかった。B氏が朝鮮半島に出自を持ち、創氏改名を受けて大連に移住してきたという戦前経験、終戦直後に「無国籍状態」となって「なんとも名状しがたいものがこみあげてくる」と感じた終戦体験、子どものころ自宅前の中国人の家庭や生活習慣を観察していたことで、「中国人としての生活に溶け入ることに役立った」と感じた戦後体験など、B氏の経験は特定の国民としてではなく、たえず境界に位置し続けてきた。したがってB氏にとっては、それらすべてを経験した「大連」という場所こそが重要なのであり、そのことは「大連とは、ロシアの街でもない、日本の街でもない、中国の街でもない、異国情緒のある街である」という言葉にもあらわれていよう。

劉鴻運氏とB氏の語りは、劉徳有氏や張有萱氏のような著名人と対比すると、ある種の階層性を想起させる。二人の語りから、中国人同窓生のなかでも経験や立場、そして選択や出自によって、戦後の生活世界は大きく異なってくることが明らかになった。二人の個人的な語りは、戦後中国社会や植民地都市が持つ階層性や多民族性を浮き彫りにし、換言すれば、二人の語りは「生きられた歴史」であり、戦後中国におけるマスターナラティブや、それを集合化した同窓会のモデルストーリーを相対化するような、力強さを持っているといえよう。

他方で、日本人同窓生の語りについても確認しておこう。坂部が指摘したように、日本人の同窓会で表象される「ノスタルジア」は、過去を懐かしむ「素朴なノスタルジアの充足」と、故郷の喪失感をともなう両面性を持っているが、こうした点は他にもみることができよう。たとえば、Ⅲ章でみたような、同窓会誌および同窓会名の「改名論争」である。改名の是非をめぐって同窓会誌のなかで議論され、最終的な投票の結果、改名賛成が大勢を占めた。このことは、序章で引用した成田龍一による世代と記憶の関係性を物語っている。「興亜」という名称の持つ意味や価値は、同じ日本人同窓生のなかでも一定ではなく、世代や社会的立場によって変容していた。

『集合的記憶』の著者であるモーリス・アルバックスによれば、「集合的記憶」とは、個人個人の思い出や記憶が堆積してできあがるのではなく、さまざまな他者や集団、空間、物質との相互関係によって支えられながら構成されており、むしろ集合的記憶によって個人の記憶は規定されるものだという。つまり想起される「過去」の出来事は、限定された集団や空間による集合的記憶に依拠するものであり、もはやその「過去」の出来事はオリジナルなものではなく、現在の集団における価値や観念が反映されている「過去」である。本書でみてきたような同窓会で想起される集合的記憶は、まさに戦後中国社会および戦後日中関係の価値や観念が反映されたものといえるだろう。

また本書では、同窓会というコミュニティを通して、戦前から戦後にかけての交流の変遷を追ってきた。本書で登場した外地の同窓会は、時には政治的経済的な団体として機能したり、時には歴史認識をめぐる記憶を想起したり忘却したりするような、非常に社会的な集団であった。

社会学者のグラノベッターによれば、同窓会のように、たまに会う程度だったり、異なる社会に属する人たち同士のつながりのような「弱い紐帯」は、しばしば経済的に有益な情報をもたらす重要な資源になるという（グラノヴェター、一九九八）。家族、親族など血縁や地縁によって結ばれた「強い紐帯」は、困ったときに助けてもらえるが、同じ社会圏に属し、類似した情報を持つため閉鎖的になるからだという。確かに外地の同窓会は、Ⅲ章でみたような一九五〇年代の旅順工科大学同窓会のように工学の知識や経験、人脈を持つ日本人と中国人のネットワークが重要視されていた。また、Ⅳ章における一九八〇年代の大連会（日本側）、大連中日友好学友会（中国側）のように、政治家や経済人などもメンバーに含まれ、より幅広い社会とつながっている組織の活動は、経済交流や、「日中友好」「中日友好」に大きく貢献している組織もあった。これらは、日本と中国の境界に位置する同窓組織だからこそ果たせたといえるだろうし、その功績は大きい。

しかし一方で、これらの担い手は、Ⅱ章で登場した劉徳有氏やⅢ章の張有萱氏、大連中日友好学友会の幹部のような一部の同窓生に限られるものでもあった。Ⅴ章でとりあげた劉鴻運氏やB氏は、大連中日友好学友会などに直接参加したり、日中の経済交流に積極的な姿勢をとることはなく、個人的な同窓会交流を行なっていた。むしろ、劉鴻運氏やB氏のように個人的な交流を続けるか、もしくは、そもそも同窓会活動に参加していない中国人同窓生のほうが多数といえるかもしれない。華々しい「中日友好」「国家への貢献」も重要な同窓会活動の功績であるが、それればかりでなく、より多くの個人的な日中交流もはぐくまれた場所でもあったといえる。A氏とB氏による「たうんまっぷ大連」のように、個人的な共同作業から生まれた記憶地図はその結果であった。日本と中国の境界において、日中同窓生たちが果たした社会的な功績と、個人的な交流実践の両方を記憶し、意味づけていくことが必要なことだと考えるのである。

註

序章

（1）蘭信三『「満洲移民」の歴史社会学』行路社、一九九四年。

（2）坂部晶子『「満洲」経験の社会学――植民地の記憶のかたち』世界思想社、二〇〇八年。

（3）坂部晶子、前掲書、七四―七五頁。

（4）ロシアがこの地域を「ダーリニー」（Дальний：「遠隔の」「遙かな」の意味）と呼んだことが、「大連」の名前の由来といわれている。また、大連という漢字表記は、昭和十年度版『大連市史』によると、一八七六年（明治九年）に陸軍参謀局がイギリス海軍による海図を飜刻出版したときに「大連湾」と表記したのが最初であるが、実際に「大連」という用語が広く用いられるようになったのは日露戦争後のことだという。さらに、一九〇五年（明治三十八年）には遼東守備軍令達第三号として「青泥窪を大連と改称する」と公に発表された。「青泥窪」とは古くからあった大連周辺地域を指す名称で、現在では大連駅南側付近にその名前が残っている。

（5）二〇〇八年現在のジェトロ大連事務所発行の統計による。なお日本につぐ貿易相手国は、香港、韓国、アメリカ、オーストラリアである。

I章　日本人学校の中国人エリートたち

（6）実藤恵秀『中国人日本留学史稿』一九三九年。

（7）関東州庁『関東州の教育』一九四一年、二頁

（8）李栄君「日本统治时朗大连市围绕中小学：教材的选用和编写问题所进行的斗争」『大連文史資料』第七辑、一九九〇年、三〇頁

（9）阿部洋「一九二〇年代満州における教育権回収運動：中国近代教育におけるナショナリズムの一側面」『アジア研究』第二七巻第三号、一九八〇年、一－四〇頁。

（10）劉麗娜「関東州における日本の植民地教育制度の形成過程：一九〇五年―一九一九年の関東州都督府の時期を中心に」『人文学報』三〇、二三一頁。

（11）于植元・董志正編『簡明大連辞典』大連出版社、一九九五年、五三八－五三九頁。

（12）劉、前掲書、二三二頁。

（13）劉、前掲書、二三六頁。

（14）関東州庁、前掲書、一六頁。

（15）関東州庁、前掲書、一六頁。

（16）関東局編『関東州施政三十年』一九三五年、一八〇頁。

（17）関東州庁、前掲書、六頁。

（18）関東州庁、前掲書、一七頁。

（19）関東州庁、前掲書、一七頁。

（20）劉、前掲書、二三九頁。

（21）大連大広場小学校卒業生T氏の回想録による。

（22）関東局編、前掲書、二〇三頁。

（23）石田文彦「旅順工科大学と南満洲鉄道株式会社」『技術史教育学会誌』第五巻第一・二号、二〇〇四年、一二頁。

（24）石田、前掲書、一三頁。

（25）関東局編、前掲書、二〇三頁。

(26)『興亜寮史』編纂委員会編『興亜寮史』、一九四〇年、六一一頁。
(27)『興亜寮史』編纂委員会編、前掲書、六一一頁。
(28)石田、前掲書、一四頁。
(29)『興亜寮史』編纂委員会編、前掲書、六一一頁。
(30)石田、前掲書、一四頁。
(31)石田、前掲書、一五頁。
(32)丸沢常哉『新中国の建設と満鉄中央試験所』二月社、一九七九年。
(33)旅順工科大学中国同学会編『旅順工科大学　中国同学記念資料集』(二〇〇三年)、一三頁。本書は、旅順工科大学を卒業した中国人同窓生が、二〇〇三年に編纂した同窓会誌である。「興亜寮」での生活、戦後の活動内容、近況報告などが記されている。

Ⅱ章　日本人の引揚げと中国人同窓生

(34)Harry S. Truman, 1956, *Memoirs by Harry S. Truman : years of trial and hope*, Doubledayu & Company, Inc.(=一九九二、加瀬俊一監修・堀江芳孝訳『トルーマン回顧録Ⅱ』、恒文社、三三二頁)。
(35)Truman 前掲書、一九五六=一九九二、五六六頁。
(36)「遣送」という用語は、引揚げのことを指す中国語である。中国から見た引揚げは、文字通り送り返すことを意味する。
(37)加藤聖文「ソ連軍政下の日本人管理と引揚問題」七頁。ただし加藤によれば、「敗戦から引揚までの大連日本人社会を考える際、唯一の公式団体として日本人の生活や引揚業務及び留用希望者の説得などを一貫して受け持ち、大連引揚を比較的順調に実行した日本人労働組合の存在を抜きにして語ることはできない。しかし、他の満洲にあった日本人会(救済総会など)と比べるとその評価は明確に分かれるという点で特異な存在であり、またそれゆえに大連引揚を難しくしているのである。」というように、その評価は定まっていない。

(38) 満蒙同胞援護会編『満蒙終戦史』河出書房新社、一九六二年、六一六–六一八頁。

(39) 丸沢の行動や満鉄中央試験所の接収については、同じく満鉄中央試験所の所員であった廣田鋼蔵による『満鉄の終焉とその後——ある中央試験所員の報告』(一九九〇年)にも詳しい。そのほか、近年では留用と日本人技術者をめぐる研究が進められており、楊大慶「中国に留まった日本技術者——政治と技術の間」劉傑・川島真編『一九四五年の歴史認識——〈終戦〉をめぐる日中対話の試み』(東京大学出版会、二〇〇九年)、堀井弘一郎『「満洲」から集団連行された鉄道技術者たち——天水「留用」千日の記録』(創土社、二〇一五年)、峰毅『中国に継承された「満州国」の産業——化学工業を中心にみた継承の実態』(御茶の水書房、二〇〇九年)などがある。

(40) 大連日僑学校同窓会編『文集　大連日僑学校』一九九六年、一〇頁。

(41) 大連日僑学校同窓会編、前掲書、一一頁。

(42) 劉徳有著(王雅丹訳)『時は流れて　上』藤原書店、二〇〇二年、二九頁。

(43) 劉徳有、前掲書、三五頁。

(44) 劉徳有、前掲書、四一頁。

(45) 文化大革命期の用語であり、「毛沢東の思想を学習し、活かすこと」を指す。

(46) 劉徳有、前掲書、四三八頁。

(47) 代表的な漢奸として汪兆銘や王克敏、梁鴻志などがあげられる。漢奸には政治家や文化人が多い。

(48) 古厩忠夫「戦後地域社会の再編と対日協力者」(二〇〇一)、田中恭子『土地と権力：中国の農村革命』(一九九六)、和田英穂「戦犯と漢奸のはざまで——中国国民政府による対日戦犯裁判で裁かれた台湾人」(二〇〇三)、羅久蓉「抗戰勝利後中共懲審漢奸初探」(一九九三)、劉傑『漢奸裁判——対日協力者を襲った運命』(二〇〇〇)、澁谷由里『「漢奸」と英雄の満洲』(二〇〇八)、益井康一『漢奸裁判史 新版——一九四六–一九四八』(二〇〇九)などに詳しい。

(49) 戦前日本が統治し、戦後中国が接収した土地のことを指す。中国東北部に多い。

Ⅲ章　日中民間交流と同窓会ネットワーク

(50) 牧田東一・平野健一郎編『新版 対日関係を知る事典』、平凡社、二〇〇七年、二二五―二二六頁。
(51) 牧田東一・平野健一郎編、前掲書、二二六頁。
(52) 東英記『日中提携の歴史的系譜：マクロ的分析』、文芸社、二〇〇二年、八三―八四頁。
(53) 東英記、前掲書、一三五頁。
(54) 霞山会編『日中関係基本資料集一九四九年―一九九七年』、一九九八年、五〇―五二頁。
(55) 水内俊雄、「植民地都市大連の都市形成」『人文地理』三七（五）、一九八五年、五〇頁。
(56) 田桓主編『戦後中日関系史（一九四五―一九九五）：戦後中日関系史叢書』、中国社会科学、二〇〇二年、一一〇頁。
(57) 丸沢常哉『新中国建設と満鉄中央試験所』、二月社、一九七九年。
(58) 李恩民『中日民間経済外交（一九四五―一九七二）』、人民出版社、一九九七年、一九六頁。
(59) 柳沢遊「一九四〇年代初頭大連日本人個人経営者の経歴について」『經濟學研究』、第七〇巻四・五号、二〇〇四年、一頁。
(60) 同窓会誌『興亜』によると、相田氏が戦前大連で社長をしていた大連機械製作所は戦後二つにわかれ、ひとつは起重機、ひとつは鉱石車両が専門の会社となっている。一九四八年に中ソ合弁企業となり、一九五一年には中国の国営企業の東北機械局となった。一九五三年から国家五ヵ年計画で起重機専門会社となった。一九四八年当時は技術がなく、材料もなく、買い手もなかった。そのときはソ連の材料、技術、買主に援助を受けた。しかしソ連の技術者も貧弱で、中ソ合弁であってもお互いに勉強する状況だった。そのため日本人技術者を求める声は高かったという。
(61) 「下放」とは、毛沢東の指導のもとで、都市の知識人や学生を強制的に地方に送り、農業労働に従事させる制度である。
(62) 『興亜』二五号、一九五六年五月
(63) 『興亜』二七号、一九五七年一月
(64) 『興亜』三一号、一九五八年一月
(65) 『興亜』三一号、一九五八年一月

(66) 松尾謙吉、『相田訪中記』、一九五八年より抜粋
(67) 松尾謙吉、前掲書
(68) 「日中間の電気事業提携」『国際貿易』第一四四号、一九五八年七月二十五日付、四頁。
(69) 『興亜』四二号、一九六二年
(70) 『興亜』四二号、一九六二年

Ⅳ章　日中国交回復

(71) 田中明彦『日中関係一九四五―一九九〇』(東京大学出版会、一九九一年)、池田誠・安井三吉・副島昭一・西村成雄『図説中国近現代史』(法律文化社、一九九三年)などを参照されたい。
(72) 江青(中央文革小組副組長、毛沢東夫人)、張春橋(副首相、政治局常務委員)、姚文元(政治局委員)、王洪文(党副主席)の四人。文化大革命後期に主導的役割を担った政治局員。一九七六年の毛沢東の死後、特別法廷で死刑や無期懲役などの判決を受けた。一般的に一九七六年の四人組の逮捕までが文化大革命の期間とされ、一九七七年八月に文革の終結を宣言した。
(73) 張永久「中国の改革・開放と中日関係―その政策形成、実施および経済成果を中心にして―」『政策科学』八(二)：七七―八九、(二〇〇一年)による。
(74) 田中明彦『日中関係一九四五―一九九〇』東京大学出版会、一九九一年。
(75) 張、前掲論文、二〇〇一年。
(76) 大連会会長蒔田広良「賀春祈福」『大連会会報』一九八〇新春号。
(77) 筆者は、過去二十年分の『学友通信』を、大連中日友好学友会関係者から譲り受けたため、本章における大連中日友好学友会に関する記述は、『学友通信』と現地調査における関係者へのインタビューに基づいている。
(78) 一九九二年二月『人民中国』の記事参照。

（79）大連中日友好学友会が大連地方版の新聞に登場することはある。たとえば、毎年六月上旬に大連市で開催される日本語弁論大会の記事であるが、これは大連中日友好学友会がこの会の主催者だからである。たしかに日本語弁論大会は大連中日友好学友会が取り組んでいる活動の一つであるが、科学技術、農業、商業、観光などの大連の発展、国家の発展につながるような活動が取り上げられることはない。

（80）『大連会会報』二四号、五頁、一九九一年。

（81）旅順工科大学中国人同窓会編、『旅順工科大学　中国同学記念資料集』、一一八頁、二〇〇三年。

V章　植民地経験の記憶と忘却

（82）大正・昭和期の満州で活動していた製鉄所。一九一八年、昭和製鋼所の前身である鞍山製鉄所は南満州鉄道の出資で設置された。一九三三年に社名を昭和製鋼所に変更。一九四五年、太平洋戦争終結とともに解体。A氏はここの技術養成所に所属していた。

参考資料

◉一次資料

大連商工会議所編、一九三五、『大連市に於ける営業分布に關する調査』。

大連市中日友好学友会編、二〇〇五、『学友通信――大連市中日友好学友会成立20周年記念号』。

大連会編、一九八〇―二〇一三、『大連会会報』、一―七四号。

大連一中校友会編、一九九八、『伏丘――創立八十周年記念大連一中校友会名簿』一二号。

大連大正小学校同窓会編、二〇〇三、『同窓会名簿』。

大連常盤小学校同窓会編、二〇〇三、『九十周年記念誌　同窓生名簿』六号。

引揚援護庁編、一九四七、『旧外地本邦教員学生及び生徒に関する雑件』。

關東局編、一九三五、『關東局施政三十年史』。

関東都督府編、一九〇六―一九一六、『関東都督府統計書』、第一版―第一一版。

関東庁編、一九一九―一九三三、『関東庁統計書』、第一四版―第二八版。

関東局編、一九三四―一九四〇、『関東局統計書』、第二九版―第三五版。

関東州庁編、一九三八、『関東州学校一覧表』。

関東州庁編、一九三九、『関東州の教育』。

興亜技術同志会編、一九三一―一九四三、『興亜』。

興亜技術同志会編、一九五五―一九六五、『興亜』、二四・四九。

興亜寮史編纂委員会編、一九三九、『興亜寮史』。

厚生省編、一九七七、『引揚げと援護三十年の歩み』厚生省。

井上謙三郎、一九三六、『大連市史』、大連市役所（復刻版、一九八九、『大連市史』、地久館）。

満蒙同胞援護会編、一九六二、『満蒙終戦史』河出書房新社。

満史会編、一九六四、『満洲開発四十年史』。

満洲日日新聞社編、一九三七、『満洲年鑑附録　在満日満人名録』。

満鉄若葉会編、一九八三、『曠野に生きた若者たち』。

満鉄若葉会編、一九五一―一九五七、『会報』一―九号。

南満州鉄道株式会社庶務部調査課編、一九二五、『旧植民地家計調査集』四。

南満州鉄道株式会社社長室人事課編、一九二九、『大連に於ける中国人労働者の生活実態』。

南満州鉄道株式会社編、一九三九、『南満州鉄道付属地に於ける学校図書館並社会公共施設の発達』。

日本国際貿易促進協会編、『国際貿易』、二五―二二三、一九五五―一九六〇。

旅順工科大学同窓会編、『旅順』、五一―九三、一九六六―一九八七。

旅順工科大学興亜寮雑誌部編、『うづら』、一九三八―一九四三。

旅順工科大学同窓会六十年史編纂委員会編、一九七三、『旅順の日』。

旅順工科大学同窓会編、二〇〇〇、『旅順工科大学開学九十周年記念誌　平和の鐘』。

旅順工科大学中国同学会編、二〇〇三、『旅順工科大学　中国同学記念資料集』。

霊陽会雑誌部編、『霊陽』、一九三七―一九三九。

霊陽会雑誌部編、『れいよう』、一〇―一一、一九五一―一九五二。

『たうんまっぷ大連』、一―五、一九八八・一九八九・一九九一・一九九七・一九九九。

帝国秘密探偵社編、一九四〇、『大衆人事録――外地・満支・海外篇』第一三版。

◉中国語文献

大連市対外貿易経済合作局編、二〇〇三、『大連投資ガイド』大連市対外貿易経済合作局。

大連市人民政府編、二〇〇八、『大連年鑑二〇〇八』大連市人民政府。

大連市委宣伝部編、一九八四、『翻天覆地的三十五年　一九四九―一九八四　大連市建設成就宣伝資料』大連市委宣伝部。

大連市図書館編、一九九五、『簡明大連辞典』大連出版社。

素素、二〇〇八、『流光碎影』大連出版社。

羅久蓉、一九九三、「抗戰勝利後中共懲審漢奸初探」『中央研究院近代史研究所集刊』二三。

羅平漢、二〇〇〇、『中国対日政策与中日邦交正常化――一九四九―一九七二年中国対日政策研究』時事出版社。

李恩民、一九九七、『中日民間経済外交（一九四五―一九七二）』人民出版社。

李玉等主編、二〇〇〇、『中国的中日関系史研究』世界知識出版社。

李振遠、二〇〇八、『大連文化解読』大連出版社。

李其栄編、二〇〇三、『城市規則与歴史文化保護』東南大学出版社。

許雪姫編、二〇一四、『日治時期台湾人在滿洲的生活経験』中央研究院台湾史研究所。

田桓主編、二〇〇二、『戦後中日関系史叢書　戦後中日関系史（一九四五―一九九五）』中国社会科学。

李栄君、一九九〇、「日本统治时朗大连市国绕中小学：教材的选用和编写问题所进行的斗争」『大連文史資料』第七辑：三〇―三八。

忻平・呂佳航、二〇一〇、「身有所寄 心有所托――战后上海待遣日侨的集中管理」『社会科学家』一六二：七―一二。

張志坤・関亜新、二〇一〇、『葫芦島日侨遺返的調査与研究』社会科学文献出版社。

中国社会科学院近代史研究所編、二〇一二、『国共内战与中美関係――马歇尔使华秘密报告』華文出版社。

◉日本語文献

阿部洋、一九八〇、「一九二〇年代満州における教育権回収運動：中国近代教育におけるナショナリズムの一側面」『アジア研究』二七（三）：一–四〇。

阿部康久、二〇〇四、「大連における植民地時代の建造物と観光開発」『名古屋大学文学部研究論集（史学）』、名古屋大学文学部、五〇：八五–一〇二。

蘭信三、一九九四、『「満洲移民」の歴史社会学』行路社。

蘭信三編、二〇〇〇、『「中国帰国者」の生活世界』行路社。

——、二〇〇八、『日本帝国をめぐる人口移動の国際社会学』不二出版。

——、二〇一三、『帝国以後の人の移動——ポストコロニアリズムとグローバリズムの交錯点』勉誠出版。

東英記、二〇〇二、『日中提携の歴史的系譜——マクロ的分析』文芸社。

張永久、二〇〇一、「中国の改革・開放と中日関係——その政策形成、実施および経済成果を中心にして」『政策科学』立命館大学政策科学会、八（二）：七七–八九。

陳祖恩、二〇一〇、『上海に生きた日本人：幕末から敗戦まで』大修館書店。

遠藤誉、二〇一二、『卡子（チャーズ）——中国建国の残火』朝日新聞出版社。

福間良明、二〇〇九、『「戦争体験」の戦後史——世代・教養・イデオロギー』中公新書。

古厩忠夫、二〇〇一、「戦後地域社会の再編と対日協力者」姫田光義『戦後中国国民政府史の研究』中央大学出版部。

Halbwachs, Maurice, [1950] 1997, *La mémoire collective*, Paris: Albin Michel.（＝一九八九、小関藤一郎訳『集合的記憶』行路社）。

橋谷弘、一九九三、「釜山・仁川の形成」『植民地化と産業化』近代日本と植民地（三）岩波書店、二四三–二六二。

——、二〇〇四、『帝国日本と植民地都市』歴史文化ライブラリー一七四、吉川弘文館。

Hayden, Dolores, 1995, *The Power of Place: Urban Landscapes as Public History*, The MIT Press.（＝二〇〇二、後藤春彦・佐藤俊郎・篠田裕見訳、『場所の力——パブリック・ヒストリーとしての都市景観』学芸出版社）。

星野直樹、一九六三、『見果てぬ夢――満州国外史』ダイヤモンド社。

黄順姫、二〇〇七、『同窓会の社会学――学校的身体文化・信頼・ネットワーク』世界思想社。

深田匠、二〇〇四、『日本人が知らない「二つのアメリカ」の世界戦略』高木書房。

福岡愛子、二〇〇八、『文化大革命の記憶と忘却――回想録の出版にみる記憶の個人化と共同化』新曜社。

藤原書店編集部編、二〇〇三、『還――満洲とは何だったのか』一〇、藤原書店。

藤原てい、一九四九、『流れる星は生きている』日比谷出版社。

生田美智子編、二〇一五、『女たちの満洲――多民族空間を生きて』大阪大学出版会。

池田誠・安井三吉・副島昭一・西村成雄、一九九三、『図説中国近現代史』法律文化社。

石田雄、二〇〇〇、『記憶と忘却の政治学――同化政策・戦争責任・集合的記憶』明石書店。

石田文彦、二〇〇二、「旅順工科学堂・旅順工科大学における技術者の養成」中国機械工程学会機械史分会編『機械技術史（三）――第三届中日機械技術史国際学術会議論文集』、一九―二四。

――、二〇〇四、「旅順工科大学と南満洲鉄道株式会社」『技術史教育学会誌』五（一・二）：一―四〇。

李恩民、二〇〇五、『「日中平和友好条約」交渉の政治過程』御茶の水書房。

李相哲、二〇〇〇、『満洲における日本人経営新聞の歴史』凱風社。

井村哲郎編、一九九六、『満鉄開査部――関係者の証言』アジア経務研究所。

金子勇・森岡清志、二〇〇一、『都市化とコミュニティの社会学』都市社会学研究叢書（九）ミネルヴァ書房。

加藤聖文、二〇〇九、『「大日本帝国」崩壊――東アジアの一九四五年』中央公論新社。

――、二〇一二、「大日本帝国の崩壊と残留日本人引揚問題：国際関係のなかの海外引揚」増田弘編『大日本帝国の崩壊と引揚・復員』慶応義塾大学出版会。

川村湊、二〇〇〇、『満洲鉄道特急「あじあ」の旅』文春ノンフィクションビデオ、文藝春秋。

河田宏、二〇〇二、『満洲建国大学物語――時代を引き受けようとした若者たち』原書房。

Kan, K・松尾謙吉、二〇〇一、『三つの祖国を持つある中国人　旅順工大生の手記』かんぽう。

北岡伸一、一九八八、『後藤新平　外交とヴィジョン』中公新書。

清岡卓行、一九七〇、『アカシアの大連』講談社。

——、一九八三、「中山広場」『大連小景集』講談社、五三―九九。

——、一九八七、「中山広場から港湾橋へ」『大連港へ』講談社、一五四―一六七。

——、一九九二、『清岡卓行大連小説集』日本文芸社。

小林英夫、一九九六、『満鉄「知の集団」の誕生と死』吉川弘文館。

——、二〇〇五、『満洲と自民党』新潮社。

駒込武、二〇〇四、「『帝国史』研究の射程」『日本史研究』日本史研究会、四五二：二二四―二三一。

越澤明、一九九三、「台湾・満洲・中国の都市計画」『植民地化と産業化』近代日本と植民地（三）岩波書店、一八三―二四一。

——、二〇〇二、『満州国の首都計画』ちくま学芸文庫。

——、二〇〇四、『哈爾濱の都市計画』ちくま学芸文庫。

久保亨、二〇〇六、「総論一九四九年革命の歴史的位置」久保亨編『一九四九年前後の中国』汲古書院。

栗本英世・井野瀬久美恵、一九九九、『植民地経験人類学と歴史学からのアプローチ』人文書院。栗津賢太、二〇〇六、「集合的記憶のポリティクス――沖縄におけるアジア太平洋戦争後の戦没者記念施設を中心に」『国立歴史民俗博物館研究報告』一二六：八七―一一八。

Levi, Primo, 1986, *I sommersi e i salvati*, Einaudi, Torino.（＝二〇〇〇、竹山博英訳『溺れるものと救われるもの』朝日新聞社）。

牧村健一郎、二〇一三、『日中をひらいた男　高崎達之助』朝日新聞出版。

牧田東一・平野健一郎編、二〇〇七、『新版 対日関係を知る事典』平凡社。

益井康一、二〇〇九、『漢奸裁判史――一九四六―一九四八』みすず書房。

松田素二、一九九六、「『人類学の危機』と戦術的リアリズムの可能性」『社会人類学年報』二二：二三―四八。

――、一九九九、『抵抗する都市』岩波書店。

松本武祝、一九九八、『植民地権力と朝鮮農民』社会評論社。

――、二〇〇五、『朝鮮農村の〈植民地近代〉経験』社会評論社。

松本俊郎、二〇〇〇、『「満州国」から新中国へ――鞍山鉄鋼業からみた中国東北の再編過程一九四〇―一九五四』名古屋大学出版会。

満洲回顧集刊行会編、一九六五、『あゝ満洲――国つくり産業開発者の手記』農林出版。

御厨貴編、二〇〇四、『時代の先覚者後藤新平――一八五七―一九二九』藤原書店。

三尾裕子、二〇〇六、「植民地下の「グレーゾーン」における「異質化の語り」の可能性――『民俗台湾』を例に」『アジア・アフリカ言語文化研究』七一：一八一―二〇三。

水内俊雄、一九八五、「植民地都市大連の都市形成」『人文地理』三七（五）：五〇―六七。

峰毅、二〇〇九、『中国に継承された「満州国」の産業――化学工業を中心にみた継承の実態』御茶の水書房。

毛里和子・張蘊嶺編・天児慧、二〇〇四、『日中関係をどう構築するか――アジアの共生と協力をめざして』岩波書店。

諸藤史朗、一九九三、『中国沿海開放五都市創比較――大連・北京（天津）・上海・広州・深圳の総合評価』日本図書刊行会。

中島敦、一九九三、『中島敦全集』ちくま文庫。

中村隆英・宮崎正康、二〇〇三、『岸信介政権と高度成長』東洋経済新報社。

成田龍一、二〇一〇、『「戦争経験」の戦後史――語られた体験／証言／記憶』岩波書店。

西川長夫、［二〇〇一］二〇〇三、『増補　国境の越え方――国民国家論序説』平凡社ライブラリー。

――、二〇〇六、『〈新〉植民地主義論――グローバル化時代の植民地主義論を問う』平凡社。

西澤泰彦、一九九六、『図説「満洲」都市物語』ふくろうの本河出書房新社。

――、一九九九、『図説大連都市物語』ふくろうの本河出書房新社。

――、二〇〇〇、『図説満鉄「満洲」の巨人』ふくろうの本河出書房新社。

西原和海・川俣優、二〇〇五、『満洲国の文化――中国東北のひとつの時代』せらび書房。

小田亮、一九九七、「文化相対主義を再構築する」『民族学研究』、六二（二）：一八四–二〇三。

大澤武司、二〇〇三、「在華邦人引揚交渉をめぐる戦後日中関係――日中民間交渉における「三団体方式」を中心として」『アジア研究』四九（三）：五四–七〇。

高媛、二〇〇五、「ポストコロニアルな「再会」――戦後における日本人の「満洲」観光」『帝国の戦争経験』岩波講座アジア・太平洋戦争（四）岩波書店、三五一–三七六。

劉徳有、二〇〇二、『時は流れて――日中関係秘史五十年』藤原書店。

――、二〇〇七、『わが人生の日本語』日本僑報社。

劉傑、二〇〇〇、『漢奸裁判』中公新書。

劉傑・三谷博・楊大慶、二〇〇六、『国境を越える歴史認識　日中対話の試み』東京大学出版社。

劉傑・川島真、二〇〇九、『一九四五年の歴史認識――「終戦」をめぐる日中対話の試み』東京大学出版社。

劉傑・川島真、二〇一三、『対立と共存の歴史認識――日中関係一五〇年』東京大学出版社。

劉麗娜、一九九五、「関東州における日本の植民地教育制度の形成過程：一九〇五年‐一九一九年の関東州都督府の時期を中心に」『人文学報　教育学』東京都立大学人文学部、第三〇号：二二五–二四六。

劉建輝、二〇〇二、「受け継がれる帝国の記憶――大連近代都市空間の成立とその変遷」千田稔編『東アジアの都市形態と文明史』二八五–二九四。

――、二〇〇三、「近代植民地と文化――遼東半島の場合」千田稔・宇野隆夫編『東アジアと「半島空間」――山東半島と遼東半島』、三八五–三九九。

劉鴻運・田所泉、二〇〇六、『アカシアの町に生まれて』風濤社。

遼寧省葫芦島市政府新聞弁公室・遼寧省社会科学院編、二〇〇五、『葫芦島百万人居留民の大送還』五洲伝播出版社。

Said, Edward W., 1993, *Culture and Imperialism*, Knopf,（＝一九九八、大橋洋一訳『文化と帝国主義』一・二、みすず書房）。

坂部晶子、二〇〇四、「中国東北地区における「満洲」にかんする記憶の表象―コメモレイション施設の展示をとおして」『ソシオロジ』一五〇：七三―九〇。

――、二〇〇八、『「満洲」経験の社会学』世界思想社。

坂本悠一・木村健二、二〇〇七、『近代植民地都市 釜山』桜井書店。

佐藤量、二〇〇八、「植民地都市をめぐる集合的記憶―「たうんまっぷ大連」の形成プロセスを事例に」立命館大学大学院先端総合学術研究科『Core Ethics』四：一三一―一四八。

――、二〇〇九a、「国境を越える同窓会―植民地期大連の日本人学校同窓会の分析を通して」『中国東北文化研究の広場』「満洲国」文学研究会、一：四二―六一。

――、二〇〇九b、「グローバル都市と植民地都市―中国大連市の場合」西川長夫・高橋秀寿編『グローバリゼーションと植民地主義』人文書院、二五三―二六三。

――、二〇一〇a、「東拓移民の帰国をめぐる同窓会の役割―禾湖里尋常小学校同窓会を事例に」『立命館言語文化研究』立命館大学言語文化研究所、二一（四）：五六―七五。

――、二〇一〇b、「植民地体験を乗り越える同窓会―旅順工科大学同窓生の戦後」『植民地教育史研究年報』皓星社、一四：三四―五一。

――、二〇一一、「一九五〇年代中国の近代化と対日協力者：旅順工科大学出身中国人同窓会を事例に」『ソシオロジ』社会学研究会、五六（二）：三九―五六。

――、二〇一二、「大連における日本人学校への「留学」―中国人の日本留学をめぐる多様性」、マイグレーション研究会編『一九三〇年代における来日留学生の体験』不二出版、一七三―一九二。

――、二〇一三、「戦後中国における日本人の引揚げと遣送」『立命館言語文化研究』立命館大学言語文化研究所、二五（一）：一五五―一七一。

――、二〇一四、「一九五〇年代の日中民間交流と同窓会ネットワーク」『現代中国』日本現代中国学会、八八：四三―五四。

――、二〇一五、「日中関係史のなかの大連――対立と友好のジレンマ」『善隣』一般社団法人国際善隣協会、四五七：一八―二五。

――、二〇一五、「満洲経験の記憶と変遷」『歴史学研究』、九三七、一一二―一二二。

――、二〇一五、「日中関係史のなかの大連――対立と友好のジレンマ」、加藤聖文・田畑光永・松重充浩編『挑戦する満洲研究：地域・民族・時間』東方書店、一六三―一八三。

佐藤量・新谷千布美・菅野智博・飯倉江里衣、二〇一五、「帰国邦人団体の会報からみる満洲の記憶」『信濃』、六七（一一）：八四九―八七二。

関満博、二〇〇〇、『日本企業／中国進出の新時代――大連の10年の経験と未来』新評論。

関正昭、一九九七、『日本語教育史研究序説』スリーエーネットワーク。

関根康正編、二〇〇四、『〈都市的なるもの〉の現在――文化人類学的考察』東京大学出版会。

澁谷由里、二〇〇八、『「漢奸」と英雄の満洲』講談社。

朱夏ワークショップ編、一九九六、『越境する視線』せらび書房。

――、二〇〇五、『満洲国の文化』せらび書房。

――、一九九一、『朱夏――旧植民地の文学』二、せらび書房。

――、二〇〇四、『朱夏――モダン都市のプリズン』一九、せらび書房。

添谷芳秀、一九九五、『日本外交と中国　一九四五―一九七二』慶應義塾大学出版会。

Suzuki, Tessa Morris, 2004, *The Past within Us: Media・Memory・History*, WW Norton.（＝二〇〇四、田代泰子訳『過去は死なないメディア・記憶・歴史』岩波書店）。

鈴木将久、二〇〇五、「「対日文化協力者」の声――陶晶孫を中心として」高綱博文編著『戦時上海――一九三七年～四五年』研文出版。

須藤健一、二〇〇〇、『フィールドワークを歩く――文化系研究者の知識と経験』嵯峨野書院。

Auge, Marc, 1999, *An Anthropology for Contemporaneous Worlds*, Stanford Univ Pr.（＝二〇〇二、森山工訳『同時代世界の人類学』藤原書店）。

高橋泰隆、一九九七、『昭和戦前期の農村と満州移民』吉川弘文館。

高綱博文、二〇〇九、『「国際都市」上海のなかの日本人』研文出版。

玉野井麻里子編、二〇〇八、『満洲――交錯する歴史』、藤原書店。

田中明彦、一九九一、『日中関係――一九四五―一九九〇』東京大学出版会。

田中恭子、一九九六、『土地と権力――中国の農村革命』名古屋大学出版会。

田辺繁治・松田素二、二〇〇二、『日常的実践のエスノグラフィ――語り・コミュニティ・アイデンティティ』世界思想社。

富永孝子、二〇〇三、『大連・空白の六百日――戦後、そこでは何が起こったか』新評社。

董志正編、一九八八、『大連・開放40年史』新評社。

塚瀬進、二〇〇四、『満洲の日本人』吉川弘文館。

戸邊秀明、二〇〇八、「ポストコロニアリズムと帝国史研究」日本植民地研究会編『日本植民地研究の現状と課題』アテネ社、五六―七七。

鵜飼正樹・高石浩一・西川祐子、二〇〇三、『京都フィールドワークのススメ――あるく・みる・きく・よむ』昭和堂。

和田英穂、二〇〇三、「戦犯と漢奸のはざまで――中国国民政府による対日戦犯裁判で裁かれた台湾人」『アジア研究』四九（四）：三一―四五。

若槻泰雄、一九九一、『戦後引揚げの記録』時事通信社。

夏徳仁著、斎藤敏康・曹瑞林・高屋和子訳、二〇一一、「大連――振興の軌跡」『立命館経済学』五九（六）：一三六二―一三九〇。

山路勝彦・田中雅一、二〇〇二、『植民地主義と人類学』関西学院大学出版会。

山室信一、一九九三、『キメラ――満洲国の肖像』中公新書。

山村睦夫、二〇〇九、「上海における日本人居留民の引揚げと留用」日本上海史研究会編『建国前後の上海』研文出版。

山根幸夫・藤井昇三・中村義・太田勝洪編、一九九二、『近代日中関係史研究入門』研文出版。

山根幸夫、二〇〇三、『建国大学の研究――日本帝国主義の一断面』汲古書院。

山下晋司・山本真鳥、一九九七、『植民地主義と文化――人類学のパースペクティヴ』新曜社。

柳沢遊、一九九九、『日本人の植民地経験――大連日本人商工業者の歴史』青木書店。

――、二〇〇四、「一九四〇年代初頭大連日本人個人経営者の経歴について」『經濟學研究』、第七〇（四・五）：一―二三。

安冨 歩・深尾 葉子著、二〇〇九、『「満洲」の成立――森林の消尽と近代空間の形成』名古屋大学出版会。

楊大慶、二〇一三、「一九五〇年代における戦争記憶と浅い和解：元日本軍人訪中団を中心に」劉傑・川島真『対立と共存の歴史認識』東京大学出版：一九一―二一二。

Yoneyama, Lisa, 1999, *Hiroshima Traces: Time, Space, and the Dialectics of Memory*, University of California Press.（＝二〇〇五、小沢弘明・小田島勝浩訳、『広島――記憶のポリティクス』、岩波書店）。

米山リサ、二〇〇三、『暴力・戦争・リドレス――多文化主義のポリティクス』岩波書店。

吉田憲司、［一九九九］二〇〇四、『文化の「発見」――の部屋からヴァーチャル・ミュージアムまで』岩波書店。

吉田裕、二〇〇五、『日本人の戦争観――戦後史のなかの変容』岩波書店。

――、二〇一一、『兵士たちの戦後史』岩波書店。

尹海東、二〇〇二、「植民地認識の「グレーゾーン」日帝下の「公共性」と規律権力」『現代思想』青土社、三〇（六）：一三二―一四七。

おわりに

本書は、立命館大学大学院先端総合学術研究科に提出した博士論文「戦前中国の日本人学校出身中国人による同窓生ネットワーク構築に関する歴史社会学的研究」をもとに、大幅に加筆修正したものである。多くの方々のご協力と励ましに支えられることで書きあげることができた。ここに深く感謝申し上げたい。

私がはじめて大連を訪れたのは、修士課程在籍中の二〇〇四年だった。あれからすでに十年以上が経過したが、あのときの大連経験が今の研究のはじまりだった。はじめて大連の街を歩き、日本統治期の建物がそのまま利用されている光景をみたとき、我が目を疑った。「旧大連ヤマトホテル」や「旧満鉄本社」を歴史遺産として保存し、愛国教育にも利用していることは知っていたが、むしろ、ホテルや社屋としてそのまま使っていることのほうが日常的であることにとても驚いた。折しも、当時の小泉純一郎首相の靖国神社参拝問題などで日中関係が不安定な時期であり（二〇一六年の現在でもあまりかわらないが）、歴史認識問題が連日メディアで報道されていただけに、この大連の日常風景には強い興味を持った。

またこの年の夏には、サッカーのＡＦＣアジアカップが中国で開催された。反日的な応援が話題になった大会である。決勝戦は日本対中国だった。私は、大連市内の遼寧師範大学の留学生寮の自室で、韓国人、中国人、日本人の友人と決勝戦を観戦した。決勝戦では日本が3 - 1で勝ったが、中国の得点者が大連のクラブチームで長年活躍していた李明という選手だったため、友人の中国人はとても誇らしげだった。帰国後、このことを日本の友人に話すと、「大丈夫だったか? ケガはなかったか?」と驚かれた。確かに日本では、中国の日本料理店が襲撃される映像が連日報道されており、日本から眺めていたら中国人とサッカーの試合を見るなんてと思ってしまうかもしれない。当の本人としては、ビールと羊肉串を食べながら、楽しく試合を観戦したものであった。このときにも、私自身の大連での日常生活と、日本から見たときとのギャップの大きさに驚いたものである。

過去の出来事をどのように記憶して、歴史としてどのように評価するかということは、とても難しいことである。当然、人によっても見解が異なるし、立場によっても違ってくるからだ。だが、国家間の歴史が語られるとき、往々にして個人の些細な経験よりも、集合化された記憶が優先されるものだ。二〇〇四年の大連で、個人の経験と国家間の認識のあいだに広がる隔たりが、ここまで深くて大きいものかと実感できたことは、私が日常の視点から歴史を考えていくきっかけとなった。

二〇〇四年以降、私は毎年大連に通うようになった。夏休みや冬休みを利用して、地図を片手に大連の街をひたすら歩いた。大連のように円形広場がいくつも連なった街並みは、歩いていると方向感覚を失いやすいが、それも次第に慣れていき、大連に溶け込んでいく感覚が心地よかった。大連の日常生活に触れるたび、本当に多くの人びとと出会い、助けてもらった。ここではすべての人に感謝を述べることができないが、とりわけ本書でも登場したA氏とB氏には感謝を申し上げたい。お二人と出会い、「たうんまっぷ大連」と出会ったことが、私の研究人生の始まりであった。

福岡在住だったA氏には、大阪港から夜行フェリーで博多まで会いに行っていたが、遠いところまでわざわざとおっしゃって自宅に泊めていただいた。二時間程度のインタビュー調査の予定が、数日間の滞在になった。A氏が集めてきた資料のことや大連の話などたくさんの話を聞くことができ、研究を始めたばかりの私にとってあのインタビュー調査はとても印象的だった。A氏が亡くなって、遺品資料整理の手伝いで何度か訪問したときも、奥さんにはたいへんお世話になった。修士論文が書きあがり、墓前に論文を供えたときに、奥さんからこれからも研究を続けてくださいと言われたことは、現在でも研究を続けている原動力のひとつである。

大連在住のB氏にも、貴重なお話を何度もうかがった。特に大連にゆかりのあるわけでもない私を快く迎えてくれ、不勉強な私に対しても、とても丁寧に質問に答えてくれた。インタビューを通して、B氏の数奇な人生に触れることができたことは、私にとってかけがえのない財産である。現時点でもまだ、B氏の経験や記憶を、どのように理解していくことが望ましいのか、明確な答えは出せていないが、今後も考え続けていく大切な課題である。

また、旅順工科大学の同窓会の方々にもたいへんお世話になった。貴重な資料を快く貸していただいたり、体調が芳しくないなかでもインタビューに応じてくださることもあった。私が研究対象としている方々の多くが高齢者である。A氏のように、知り合ってから亡くなった方も少なくない。自分の経験を若い人に託したいとおっしゃる方もいた。本書の執筆を通して、あらためてそうした人びとの想いのうえに私の研究は成り立っているということを痛感した。

研究を進めるうえで、多くの先生方の指導を賜ってきた。修士課程時の指導教官である西川祐子先生からは、研究者としての心構えや方法論もさることながら、一人の大人として必要な素養をしっかりと叩き込まれたことが、極めて大きな学びであった。修士論文の添削を繰り返し受けるたびに、先生の研究室までの廊下が果てしなく長く感じたことを覚えているが、祐子先生の厳しくもあたたかい指導がなければ、本書の完成はなかった。

博士過程では、西川長夫先生に師事した。修士論文の提出間際のころ、西川家で直接論文指導を受けていたことで、長夫先生にも同時に指導を受けたこともあった。当時はとてもつらかったが、今思えば贅沢な時間であった。西川長夫ゼミでは、ゼミ後に大学近くのカフェでお茶をすることが定番だったが、そのときに「君にとって植民地とは何か?」と問われたことは、現在でも大きな課題として残っている。

博士論文審査を引き受けていただいた立命館大学大学院先端総合学術研究科の立岩真也先生、渡辺公三先生、天田城介先生(現・中央大学)、京都大学大学院社会学研究室の松田素二先生には、数々の貴重なコメントをいただいた。心よりお礼を申し上げたい。

また研究会を通じて知り合う機会を得た先生方にも感謝を申し上げたい。立命館大学文学部の米山裕先生および河原典史先生には、迷走しがちな私にとって励みになる助言を何度もいただいた。また、同先生方とともに活動している日本人の国際移動研究会の先生方、とりわけ、坂口満宏先生、南川文里先生、和泉真澄先生、小川真和子先生には、博士課程在学中からたいへんお世話になってきた。専門領域の枠を越えたアカデミックな空間は、多くの気づきに満ちていた。

満洲や植民地の研究を進める上で、同様な視点や研究関心をもつ仲間を探すことに苦労していた私にとって、「満洲国」文学研究会の東京外国語大学橋本雄一先生と首都大学東京の大久保明男先生との出会いには勇気づけられた。同研究会には修士課程在籍中から参加し、法政大学の田中益三先生や名古屋大学の坂部晶子さんと知り合うことができたのも、この研究会がきっかけであった。

また、外地の学校教育史をめぐるさまざまな資料に触れることができたのは、同朋大学名誉教授の槻木瑞生先生や玉川大学教育博物館の白柳弘幸先生による助言と協力のたまものであった。外地の同窓会から寄贈された膨大な同窓会資料に囲まれながら、資料調査に没頭する時間は至福であった。なお、本書の執筆にあたって多大なご協力をいただいた、松本市立旧制高等学校記念館や玉川大学教育博物館にも、この場を借りてお礼申し上げたい。

そして現在では、「満洲の記憶」研究会を通して私よりも若い研究者とともに活動する機会に恵まれている。菅野智博、大野絢也、湯川真樹江、飯倉江里衣らのメンバーには、日々刺激を受けてきた。研究会活動を通して浮かんできた知見も少なくなく、彼らから多くを学んでいるところである。

本書の出版にあたって、平成二十七年度科学研究費補助金（研究成果公開促進費）の助成を受けることができた。ここに感謝を記したい。また、彩流社の高梨治さんにはご心配をおかけしながらも、辛抱強く待っていただいたことに心からお礼申し上げたい。そして最後に、いつも私のわがままを見守ってくれてきた家族に感謝したい。本当にありがとう。

二〇一六年一月

佐藤 量

【著者】
佐藤 量
（さとう・りょう）
立命館大学・京都文教大学講師
立命館大学大学院先端総合学術研究科修了：博士（学術）

専門分野：歴史人類学・社会学、日本植民地研究、オーラルヒストリー研究

主要論文に、「1950 年代中国の近代化と対日協力者――旅順工科大学出身中国人同窓会を事例に」（『ソシオロジ』、第 56 巻 2 号、2011 年）、著書に、「大連における日本人学校への「留学」――中国人の日本留学をめぐる多様性」（マイグレーション研究会編『1930 年代における来日留学生の体験』、不二出版、2012 年）などがある。

Sairyusha

戦後《せんご》日中関係《にっちゅうかんけい》と同窓会《どうそうかい》

2016 年 2 月 20 日　第 1 刷発行

著者／佐藤 量

発行者　竹内淳夫

発行所　株式会社 **彩 流 社**
〒 102-0071　東京都千代田区富士見 2-2-2
電話 03 (3234) 5931（代表）FAX　03 (3234) 5932
http://www.sairyusha.co.jp
印刷　モリモト印刷（株）
製本　（株）難波製本
装丁　佐々木正見
定価はカバーに表示してあります。
落丁本・乱丁本はお取替えいたします。
ISBN978-4-7791-2206-4　C0020